SIMPLE INVESTMENT

简单投资

超实用股市入门书

陈立锋◎著

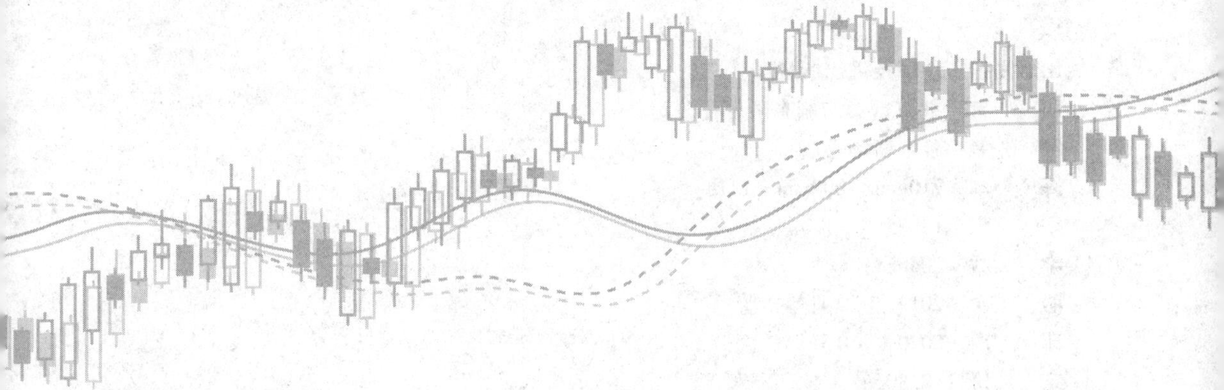

中国经济出版社
CHINA ECONOMIC PUBLISHING HOUSE
·北京·

图书在版编目（CIP）数据

简单投资：超实用股市入门书/陈立锋著．--北京：中国经济出版社，2019.12（2020.10 重印）
ISBN 978-7-5136-5857-7

Ⅰ．①简… Ⅱ．①陈… Ⅲ．①股票投资-研究-中国
Ⅳ．①F832.51

中国版本图书馆 CIP 数据核字（2019）第 187120 号

责任编辑　丁　楠
责任印制　马小宾
封面设计　任燕飞装帧设计工作室

出版发行　中国经济出版社
印 刷 者　北京富泰印刷有限责任公司
经 销 者　各地新华书店
开　　本　710mm×1000mm　1/16
印　　张　13.75
字　　数　204 千字
版　　次　2019 年 12 月第 1 版
印　　次　2020 年 10 月第 2 次
定　　价　49.80 元
广告经营许可证　京西工商广字第 8179 号

中国经济出版社 **网址** www.economyph.com **社址** 北京市东城区安定门外大街 58 号 **邮编** 100011
本版图书如存在印装质量问题，请与本社销售中心联系调换（联系电话：010-57512564）

一本专为中国老百姓
量身定做的入门级股票投资理财
致富宝典

/建/议/读/者/配/合/二/维/码/一/起/使/用/本/书/

使用说明

本书配有读者微信交流群，群内提供读书活动和资源服务，帮助读者高效阅读。读者可根据需要加入喜欢的微信交流群，在群里与其他读者一起阅读交流。

群服务介绍

[读者交流]

本书配备读者交流群可供读者交流，共同探讨交流读书心得与阅读感受。同时群内提供阅读学习资源信息供读者思考与学习，读者可就编辑或作者提供的读书话题和学习内容与其他读者进行互动，完成签到打卡，养成好的阅读习惯。读者交流群读者人数一般为100人/群。

入群步骤

1.用微信扫描本页二维码。

2.根据提示，选择加入感兴趣的微信群。

3.群内回复正文提示的关键词领取群内资源。

微信扫描二维码
加入本书
读者微信交流群

新手一学就会的炒股实战妙招

推荐序 I

recommendation I

一起进行价值投资的日子

物以类聚，人以群分。人类的特点是群居，所以当你的移民澳大利亚、加拿大的朋友说自己住的地方风景特别好的时候，其实是在告诉你：国外好山好水好寂寞。中国A股绝大部分的投资人都是散户，A股的特点就是市场波动大，因为散户喜欢追涨杀跌。A股的投资者结构决定了价值投资者是很少的，所以能遇到志同道合的投资者作为同事是不容易的，陈立锋就是一个坚定的价值投资人。

与陈立锋一起合作做基金是2013年。之前在国内著名的大学做客座教授，讲价值投资的课程很多年，包括MBA课程班和中央党校的大学分院，一直有学员说，我们是理论家，没有可以追溯和证明的投资业绩，所以我们另外的两个合伙人成立了基金，基金在2015年5月取得了半年3倍的成功业绩。其中一个主要合伙人老Y觉得主要的股票是自己选的，选股对于基金投资业绩的贡献最大，我负责投资组合贡献最小，而且我负责买入股票的最终决策和风控影响了基金取得更大幅度的盈利，所以大家经常为此而争吵。最后，为了基金企业的和睦和人员稳定，我做了妥协，协议让出了基金企业大股东的位置给合伙人老Y，同时给合伙人三年时间，老Y保证企业资产管理规模达到50亿元，同时，要求我不再参与基金投资和基金企业的管理，不能再限制基金的投资组合，只负责写好价值投资的文章。

但之后的股市遇到了几次熔断，没有风险控制的基金，业绩可想而知。由于投资理念不同，2016年之后，我和陈立锋陆续离开了基金企业的管理岗位，继续做之前的老本行——投资者教育。陈立锋写的这本书，可以说就是我们这些年做投资者教育和价值投资最精华的部分，里面充满了这些年的基金投资经验和教训，值得一读。

吕长顺（笔名凯恩斯）

中国十大财经自媒体人、财经大V

推荐序Ⅱ recommendation Ⅱ

第一次听立锋老师的课是他所讲的财务分析，从一个全新的视角对企业的财务报表进行解读，并且能够给投资人一个明确的抓手：投资就是选企业，选企业就是要寻找那些具有长期竞争优势的企业，这种竞争优势体现在财务报表上就是预收账款，这让我有了耳目一新的感觉。我从20年前开始接触投资，做投资顾问经营私募企业，到现在做投资者教育，一直都秉承着理性投资，寻找一种能够在股票市场里长久生存并盈利的方法。价值投资是一种已经被证明了可行的方法，本书中作者也回答了许多股民关心的问题，价值投资是否适用于A股市场，个人投资者能否做好价值投资等，这些问题与投资的基本原则一样看似不重要，但往往在最关键的时刻能够起到决定作用，只有对企业有清晰的认识，明确判断它的估值中枢，才敢在股价大幅下跌的过程当中持续买入并持有，而单纯的技术分析，往往在这个时候选择了止损出局。同样的市场环境，不同的投资理念，使得投资者有了不同的选择，而这样的选择就直接决定了未来的收益。

在本书中，作者一再强调，投资本身并不复杂，也没有什么独门绝技，从股票的起源去分析它的本质，也只有理解了买入股票的本质含义，才能从纷繁的市场当中找到决定价格变化的核心因素——那就是企业的净利润情况，股票价格是围绕着价值上下波动的，只要建立这种基本的投资逻辑，那么一切都变得简单了，投资人就是要把复杂的事情简单化，把简单的反复做，做到极致，那么盈利也就是自然而然的了。

选择进入股票市场的唯一目的就是赚钱，这是每个投资人的初心，为了实现这样的目标，就要保证自己账户内的总资产增长，而这种增长从长期来看只能通过判断企业的盈利情况来实现，因为市盈率的变化是无法判断的，为了判断企业盈利的变化，就要认真分析企业与竞争对手的不同，它有什么样的护城河来保护自己的盈利不被竞争对手所侵蚀，这些其实与我们在实际经营企业当中考虑的因素是一致的，这也正是作者强调的投资一切都是源于现实，脱离现实的投资是不存在的，就像选择大牛股一样，它们更多的可能是在你家的冰箱里，或者厨房里，是看得见，摸得着，甚至是吃得着的产品。投资于股票市场，也要一切从现实出发。

做投资者教育工作以来，深深了解到中国投资者基本理论、基本方法的缺失，只有不断加强学习，不断提高自己，把自己武装起来，才能在市场里获得良好的收益，任何市场都是少数人赚钱，那么为了让自己成为少数人，学习就是必然的选择，当然学习有许多种，现场学习是一种方法，看书也是一种学习，站在别人的肩膀上，看别人的经验总结，让自己少犯一些错误，这也是成为专业投资者的一种捷径。阅读本书，有利于投资者建立一种正确的投资理念，掌握一种可行的、数量化的估值方法，对于一些没有专业背景的投资者，作者还给出一些可行的投资建议，相信您一定会获益匪浅。

王圣雄

北京中和应泰财务顾问有限公司总经理

自序 PREFACE

在学习和实践价值投资十年之后，总是想写一点东西，但又经常性地觉得不可能在理论上有所突破而作罢。随着最近两年投资教育工作的深入，我越来越体会到有许多市场参与者确实需要进行学习，甚至连一些基本的概念和事实都搞不清楚，就敢拿出几十万甚至是几百万的资金进入市场；还有一些投资者是把自己的养老钱都投进了股市，当亏得十分惨重的时候，才想起回过头来学习。每一次在与市场参与者交流的过程中，我都会问大家："股票是什么？买入股票的意义是什么？"几乎所有的市场参与者都没有认真思考过这两个问题。写作本书的目的，就是要从股票的起源来厘清一个基本的事实，股票到底是什么？买入股票代表着什么意义？其实股票市场、股票投资本身非常简单，是我们自己把简单的事情复杂化了，特别是随着计算机技术的发展，使得股票市场更加复杂化了，市场当中的参与者已经不再去思考股票的本质和具体含义，而是更多地把股票当成一种交易筹码，或者根本就是一个代码，这显然已经完全与投资无关了。股票交易市场本身就具有投资、投机和赌博的功能，用什么样的态度来对待市场，就会有什么样的结果，换句话说，投资股票本身也是市场参与者认知变现的过程，在这个市场里能够成就大投资家巴菲特，也产生过大投机家利弗莫尔，同样也有很多破产的赌徒。想要成为什么样的人，取决于选择哪一条道路。作为一个没有专业背景的投资者，选择指数投资也是很好的方式，指数的选择相对简单，并且高估与低估相对比较好判断，这样能够占胜多数市场参与者。

投资的成功，除了需具备睿智分析企业的能力之外，还需要有足够的耐心。企业就像小树，成长需要时间，只有企业价值不断成长，才能带来市值的增长，许多时候我们买入了优质的企业，但最终却没有赚钱，这是因为要么给出的价格太高了，要么持有的时间不够长，永远要记住：在市场当中，时间是优质企业的朋友，优质企业是我们投资成功的最终依靠。如果简单地总结投资，就是以优质企业为基础，以估值为核心进行高抛低吸。可能你会觉得，价值投资为何还要讲高抛低吸呀，其实所有的投资都是高抛低吸，只是依据不同，技术分析以图形或者 K 线为依据，而价值投资以估值为依据。价值投资也不是永远地持有不动，当股价严重高估的时候也必须要卖出，一直持有不动也不是真正的价值投资，判断是否为价值投资的标准就是买入与卖出的理由，是从企业的角度出发，还是从图形或者 K 线的角度出发，而与持有时间的长短没有直接关系，尽管价值投资更多地表现为长期持有，但也不能认为只有长期持有才叫价值投资。

近些年，随着孩子慢慢长大，我也一直在给他灌输投资的基本理念，与所有的父母一样，我们都会寄希望于子女，希望他们将来能够走上一条正确的投资之路，父母的爱是最无私的爱，也正是基于对孩子的期望，给了我写这本书的重要动力，当然也要感谢我的爱人，这些年给予我无条件支持，即使在我投资产生严重错误的时候也没有怨言，一个优秀的媳妇幸福三代人，在她的身上有了真切体现。写这本书也是希望能够给更多人一个对投资系统的认识，为什么要投资？为什么要选择股票来投资？为什么股票投资只有价值投资这一种方法？这些问题，只有在认知上真正的明白了，才能改变行动，只有行动改变了，才能改变结果。在投资的道路上唯一确定的，就是一定会犯错误，并且未来也还是会犯很多错误。我们都是在不确定性当中寻找确定性。

最后希望看到本书的人，都能够成为投资者，而不是市场参与者，也许你不是专业的投资者，但至少应该能够分辨出来市场当中哪些人是真正在做投资而哪些人是在投机，与那些投机者保持距离而亲近那些投资者，才能够让自己的资产在市场里稳步升值，享受整个国家经济增长的红利。

陈立锋

2019 年 8 月书于北京

目录 CONTENTS

第一章　为什么要投资 …… 1

一、投资与不投资的资产差别 …… 2

二、投资品种的选择 …… 2

三、各种投资品种的特点 …… 4

四、家庭资产配置的原则 …… 8

五、为什么要选择股票投资 …… 11

第二章　怎样理解股票与投资股票的真实意义 …… 19

一、股票的起源与发展 …… 19

二、投资股票的真实含义 …… 20

三、什么是K线图以及K线图的作用 …… 21

四、决定股票长期涨跌的核心要素 …… 22

第三章　投资理念的作用 …… 25

一、为什么高抛低吸是正确的废话 …… 26

二、投资和投机的区别与联系 …… 27

三、炒股就是选择与等待的艺术 …… 28

四、技术分析与基本面分析的关系 …… 30

五、投资股票的核心理念总结 …… 34
第四章　宏观经济分析与判断 …… 35
一、宏观投资环境 …… 35
二、经济周期的四个阶段及特点 …… 40
三、判断经济周期的指标 …… 41
四、不同经济周期的投资品种选择 …… 56
五、宏观分析对于股票投资的意义 …… 58
第五章　行业分析 …… 60
一、行业分析概述 …… 60
二、行业前景对投资的重要作用 …… 62
三、从行业产业链分析来确定企业在行业内的竞争地位 …… 65
四、只选择行业内最具有竞争优势的企业 …… 66
五、借助研究报告来进行企业研究 …… 68
第六章　企业分析 …… 70
一、优秀企业是投资的根本保障 …… 70
二、巴菲特选企业的四个基本原则 …… 71
三、分析企业的步骤 …… 79
四、强周期与弱周期企业的特点与投资原则 …… 80
五、不同类型企业的获利途径 …… 81
六、企业增长的几个途径 …… 82
七、哪种增长是可靠的 …… 85
八、为什么不能选择增长率特别高的企业 …… 86
第七章　企业护城河分析 …… 88
一、企业护城河的重要作用 …… 88
二、企业护城河的分类 …… 88

三、获得护城河的方式 …… 92
四、护城河的优先度分析 …… 94
五、护城河与估值的关系 …… 95
第八章 估值方法及运用原则 …… 97
一、估值的重要性 …… 97
二、估值方法简介 …… 98
三、市盈率估值方法及运用 …… 99
四、市净率 …… 105
五、市销率估值方法及运用 …… 108
六、现金流折现的估值方法及运用 …… 110
七、股息率估值方法及运用 …… 115
八、PEG 估值方法及运用 …… 116
九、总市值法 …… 118
十、估值的总体原则 …… 119
十一、估值与流动性的关系 …… 122
十二、市场间的估值差异 …… 123
第九章 现场调研 …… 125
一、现场调研的作用 …… 125
二、现场调研的准备 …… 126
三、现场调研的进行 …… 129
四、现场调研后的评估 …… 132
五、买入后的跟踪与调整 …… 133
第十章 企业财务分析 …… 134
一、财物报表概述 …… 134
二、投资者分析财务报表的目的 …… 140

三、分析财务报表的方法 …………………………………… 141
四、哪些财务指标能够体现企业的竞争优势 ………………… 143
五、优秀企业财务报表的特征 ………………………………… 145
六、哪些指标容易被上市企业调节 …………………………… 147
七、企业的财务政策要与经济周期相吻合 …………………… 149
第十一章　如何避免买到劣质企业 ………………………………… 152
一、企业变坏的征兆 ……………………………………………… 152
二、企业变坏的几种途径 ………………………………………… 154
第十二章　投资的全过程回顾 ……………………………………… 156
一、发现 …………………………………………………………… 156
二、分析 …………………………………………………………… 156
三、判断 …………………………………………………………… 157
四、买入 …………………………………………………………… 158
五、持有的条件 …………………………………………………… 167
六、卖出 …………………………………………………………… 168
第十三章　你会看盘吗 ……………………………………………… 171
一、看盘的目的与方法 …………………………………………… 171
二、政策对于投资的影响 ………………………………………… 171
第十四章　关于市场的几个问题 …………………………………… 174
一、市场是零和游戏吗 …………………………………………… 174
二、长期持有一定是价值投资吗 ………………………………… 175
三、在中国能够进行价值投资吗 ………………………………… 175
四、T+1 与涨跌幅限制的利与弊 ………………………………… 176
五、如果放开涨跌幅限制，技术分析还管用吗 ………………… 178
六、为什么学习价值投资的人一直很少 ………………………… 178

七、现实当中投资企业与投资股票市场的联系与区别 …………… 179
八、稳健型投资者与成长型投资者的收益率比较 ………………… 181
九、为什么要选择低估值投资方法 …………………………………… 182
十、技术分析错在哪里 ………………………………………………… 184
第十五章　没有专业背景的人士如何进行投资 ………………… 186
一、投资的最佳标的——指数投资 ………………………………… 186
二、如何发现牛股的踪迹 …………………………………………… 187
三、消费品行业投资 ………………………………………………… 189
四、银行业的投资选择 ……………………………………………… 191
第十六章　股票投资的简单化 ……………………………………… 196
第十七章　对于准备进入股票市场投资的忠告 ………………… 198
一、投资的第一出发点是什么 ……………………………………… 198
二、投资基本原则 …………………………………………………… 198
参考文献 ……………………………………………………………… 201

第一章　为什么要投资

每个人在社会上生存，都要有经济收入，也就是家里的现金流不能断了，孩子要上学，老人岁数越来越大，生病是极有可能的事，持续的收入是基本的生活要求，否则生活将陷入混乱当中。但在有了收入之后，我们会把收入进行分类处理，首先保证个人和家庭的基本开支，如日用品消费、房贷以及通信、交通等必需开支，然后的一部分节余要么储蓄，要么投资。

关于储蓄其实没有必要多说了，现在的银行利率，就算是 10 年期的，也就是 4%左右，这个利率水平，是远远低于每年的通货膨胀率的，其实存款的时间越长，就会亏得越多，当然并不是说银行存款就不需要了，从家庭稳定的角度来说，存款还是需要有一部分的，但并不是把所有的节余都变成银行存款，那么投资就是必然的选择。来看一组数据，现在的 100 元能买多少东西？30 年前大米的价格大概是 0.19 元/斤，100 元可以买大概 526 斤大米，现在 100 元只能购买三四十斤大米；30 年前的猪肉大概是 1.5 元一斤，100 元可以买约 66 斤猪肉，现在猪肉价格上涨到 30 元，100 元只能买三四斤；再来看看我们都很关心的房价，30 年前中国的平均房价大概是 408 元/平方米，100 元能买约 0.24 平方米，现在中国平均房价大概是 6800 元/平方米，上涨了 16 倍之多，100 元只能买 0.014 平方米。显然，要让自己辛辛苦苦赚来的钱保值增值，只存银行是不行的。

同时从家庭财富积累的角度来说，也只有进行投资，才能让财富更快地积累，让投资为你工作，而不是储蓄。在美国拥有净资产的投资者依赖不动产、流动的股票和债券进行投资，当这些资产的价格上涨的时候，财富就会增加。

投资大师巴菲特也说过，开始存钱并及早投资，是值得养成的好习惯。在吉姆夫妇身上，这句话得到了很好的印证。

巴菲特遇到吉姆夫妇的时候，他们才 50 岁出头，尽管都是普通的工薪族，但两人的净资产已经达到了200万美元，光是股息、利息就足够他们提前退休了。通过了解后巴菲特发现，原来吉姆夫妇所遵循的法则就是“先存后花”。

与很多美国人消费理念不同，吉姆夫妇总是会在刚拿到收入时，就自提出一部分转到专项账户进行储蓄和投资，起初收入较低的时候，比例也较低，只有4%，后来随着收入增加，这一提取比例也上升到了15%，他们的专项账户也从投资共同基金拓展到了房产账户、退休账户等。

“看不到的钱就花不掉!”正是悟出这样的道理，吉姆夫妇才渐渐成了有钱人。

当然这里的核心是进行投资，如果只是把钱存起来，那么显然也不会起到增值的效果，只有不断进行投资，才会使钱不断增加。

一、投资与不投资的资产差别

羞于谈钱的时代已然过去，如何赚更多的钱成为热议话题。如今，会投资的人思考怎么让钱生钱，做到财富的正增长。没有投资意识的人则觉得会挣钱就行。从短期看来，投资和不投资或许不能看出太大的区别，但时间与生活质量都会在以后有答案。

举个例子可能会更有说服力，如果A和B最初月薪都是5000元，但处理方式不同，A工作不久便意识到投资理财的重要性从而逐步学习投资，而B则是月光族。那么5年后、10年后、15年后，一起出发的A与B会过上截然不同的生活。本金固然重要，可是世间万物，一旦加上了时间这一维度，都会产生巨大的化学反应。在同等水平下，不投资的人，财富只会默默停留在不增反减的水平，最后在无节制地买买买和通货膨胀中慢慢消失殆尽。

据权威专家推算，目前世界95%的财富掌握在5%的人手中，更可怕的是，1%的人那里拥有50%的财富。如果把所有的财富平分，5年之内，50%的财富依然要回到1%的人手里。所以说，没有规划的财富是失败的财富，理财观念才是影响生活的金钥匙。也就是俗话说的“你不理财，财不理你”。

二、投资品种的选择

投资是每个人都必须要做的一件事情，人的一生必须要认识三个好朋友，第一个好朋友是医生，他帮你解决健康问题，如果没有了健康，那么财富将毫无意义；第二个好朋友是律师，他帮你解决法律问题，你的一生当中，也许会与其他人产生纠纷，那么解决这种纠纷最终的方案就是法律；第三个好朋友就是理财师，如果对于财富没有一个全盘的规划，而是毫无章法地随意安排，那么最终也不会取得满意的收益。人生往往是选择比努力更加重要，就像你选择了一个什么样的行业去从业，这可能是决定性的，那么选择投资品种其实也一样，黄金、债券、期货、股票、基金、P2P……面对如此多的选择该如何取舍？选择投资品种总是会遵循一些原则。

第一，在选择投资品种方面，应遵循安全性、稳定性和灵活性三个原则。

1. 安全性原则

无论选择何种投资品种，首要考虑的就是本金的安全。这是重中之重，赚钱很重要，但是保本更重要。有了对本金保证的考虑，在选择时会认真细心得多。一定要保障所选投资品种的风险在可承受和可控范围内。

2. 稳定性原则

我们所选的投资品种最好是能有一个稳定的收益率，一来便于计算和宏观把控分析，二来也有利于整体投资理财计划的分配。对收益率经常上下波动、经常无故更新条款协议的产品最好敬而远之。

3. 灵活性原则

这个也不是一成不变的，总体需要灵活。主要还是看自身分配，像存银行定期一样。做投资最怕的是资金套牢，所以选择投资品种时要注重资金能够随时抽调。即使不能随时，也不能长久无法调用。

第二，在投资购买投资品种的时候，应遵循集中、分散和合理三个原则。

1. 集中原则

对自己认真衡量考核过的投资品种，在对其风险有了充分把握后，收益如果比较客观，灵活性也适中的话，可以考虑分配较大比例的金额集中投资，以达到集中、稳定收益的目的。

2. 分散原则

什么事情都要两面兼顾，投资理财也是一样，有集中原则就有分散原则。

这一部分要求我们对那些收益较高，风险也高，但是在可承受范围内的投资品种考虑分散资金进行投资，这样既能兼顾高收益，又能在一定程度上分散这些投资品种的高风险，化整高为散弱。

3. 合理原则

这个不难理解，在自己或者整个家庭的所有财产总额中，要做好整体规划。哪些是生活必需开支的资金，哪些是预留应急资金，哪些是需要保值升值要求绝对安全的资金，哪些是可以用来投资赚取收益的资金，在用来投资赚钱的资金中有多少资金是一定要求本金安全的，有多少是可以稍微冒一下风险的，这些都要有一个合理的分配。

理财就是通过对家庭资产状况和理财目标的分析，制定长期的科学规划，让生活水平蒸蒸日上，最终达到财务自由。一夜暴富不是理财，坚持长期投资的理念才是正确观念。

三、各种投资品种的特点

对于普通投资者来说可以选择进行投资的品种一般有黄金、期货、国债、股票以及房产，不同的投资品种有其各自的特色，对于投资者的要求也不同。投资者应该根据自身特点以及家庭经济状况来选择适当的投资品种。

（一）黄金的特点

黄金是较稀有、较珍贵和极被人看重的金属之一。国际上黄金一般都是以盎司为单位，中国古代是以“两”作为单位。黄金不仅是用于储备和投资的特殊通货，同时又是首饰业、电子业、现代通信、航空航天业等部门的重要材料。

黄金不只是一种商品金属，它曾在人类的历史、经济和文化的发展过程中起了十分重要的作用，在现代货币出现前，黄金和白银都担任了货币和贮藏财富的角色。

人们投资黄金，从时间上可以分为短期投资、中期投资和长期投资；从获利要求上可以分为保值和增值两种。投资黄金，如果是以长期保值增值目的为主，选择中长线可能更为合适；如果是希望在短期内通过金价波动赚取价差，就可选择短期投资。普通投资者对金价的短期走势很难判断，可选择一个相对低点，以中长期投资心态介入，这样既方便又可以避免频繁交易时产生的手续费用，降低交易成本。

黄金价格受地缘政治、全球经济、能源市场等多种因素的影响，金价上下起伏波动较大，随时影响着投资者的情绪，如果没有抵御风险的意识，没有足够的心理控制力，就很容易失去客观判断市场的能力。

（二）期货的特点

期货有商品期货和股票期货两种。期货是相对于现货而言的，它们的交割方式有所不同。现货是现钱现货的方式，期货则是合同交易，是合同的相互转让。期货的交割有期限，到期以前是合同交易，到期日要兑现合同进行现货交割。所以一些做期货的大户机构会现货和期货都做，这样既可以套期保值也可以价格投机。普通的投资人通常不能做到期的交割，只能纯粹投机，商品的投机价值和现货走势以及商品的期限等因素有关。

期货是由期货交易所统一制定的、规定在将来某一特定的时间和地点交割一定数量标的物品的标准化合约。这个标的物可以是某种商品，也可以是某种金融工具，还可以是某金融指标。期货合约的买方，如果将合约持有到期，那么买方就有义务买入期货合约对应的标的物；而期货合约的卖方，如果将合约持有到期，那么卖方就有义务卖出期货合约对应的标的物，期货合约的交易者还能选择在合约到期前进行反向买卖来冲销这种义务。

期货相较于股票的特点在于：

一是以小博大。股票是全额交易，就是有多少钱只能买多少股票，而期货则是保证金制，只需要缴纳成交额的5%~10%，就可进行100%的交易。比如投资者有2万元，买10元一股的股票能买2000股，而投资期货就可以成交20万元的商品期货合约。

二是双向交易。股票是单向交易，只能先买股票，之后才能卖出；而期货则可以先买进也可以先卖出。

三是时间制约。股票交易无时间限制，如果被套可以长期持仓；而期货必须到期交割，否则交易所会强行平仓或以实物交割。

四是实际盈亏。股票投资回报有两部分，一个是市场差价，另一个是分红派息；期货投资的盈亏在市场交易中就是实际盈亏，没有分红派息。

五是风险巨大。期货由于实行保证金制、追加保证金制和到期强行平仓的限制，会使其更具有高回报、高风险的特点，从某种意义上讲，期货可以使你一夜暴富，但也可能使你顷刻间一贫如洗，所以投资者要慎重选择。

六是交易模式。股票实行 T+1 交易，当天买进的股票至少需要持有到第二个交易日。期货施行 T+0 交易，当天就可平仓，交易次数不限。

（三）国债的特点

国债，又称国家公债，是国家以其信用为基础，按照债的一般原则，通过向社会筹集资金所形成的债权债务关系。在这种债权债务关系中，国家作为债务人，根据还本付息的信用原则，通过在国内外发行债券或向外国政府、金融机构借款方式筹集财政资金，取得财政收入。在当代，国债已构成重要的财政收入形式，成为财政政策的重要手段和国家宏观调控的重要工具。

国债是债的一种特殊形式，同一般债权债务关系相比，其具有以下特点：

一是从法律关系主体来看，国债的债权人既可以是国内外的公民、法人或其他组织，也可以是某一国家或地区的政府以及国际金融组织，而债务人一般只能是国家。

二是从法律关系的性质来看，国债法律关系的发生、变更和消灭较多地体现了国家单方面的意志，尽管与其他财政法律关系相比，国债法律关系属平等型法律关系，但与一般债权债务关系相比，又体现出一定的隶属性和国家政策性，这在国家内债法律关系中表现得更加明显。

三是从法律关系实现来看，国债属信用等级最高、安全性最好的债权债务关系。国债以国家信用和国家财力作为担保，一般不再需要其他特别担保，债权债务关系容易实现。国债到期国家财政会足额偿还本息，因此，其风险很小甚至可以说没有风险。

按照不同的标准，国债可做如下分类：

1. 按举借债务方式不同，国债可分为国家债券和国家借款

国家债券，是通过发行债券形成国债法律关系。国家债券是国家内债的主要形式，我国发行的国家债券主要有国库券、财政债券、国家经济建设债

券、国家重点建设债券等。

国家借款，是按照一定的程序和形式，由借贷双方共同协商，签订协议或合同，形成国债法律关系。国家借款是国家外债的主要形式，包括外国政府贷款、国际金融组织贷款和国际商业组织贷款等。

2. 按偿还期限不同，国债可分为定期国债和不定期国债

定期国债，是指国家发行的严格规定有还本付息期限的国债。定期国债按还债期长短又可分为短期国债、中期国债和长期国债。短期国债通常是指发行期限在 1 年以内的国债；中期国债是指发行期限在 1 年以上、10 年以下的国债；长期国债是指发行期限在 10 年以上的国债。

不定期国债，是指国家发行的不规定还本付息期限的国债。这类国债的持有人可按期获得利息，但没有要求清偿债务的权利。如英国曾发行的永久性国债即属此类。

3. 按发行地域不同，国债可分为国家内债和国家外债

国家内债，是指在国内发行的国债，其债权人多为本国公民、法人或其他组织，还本付息均以本国货币支付。

国家外债，是指国家在国外举借的债，包括在国际市场上发行的国债和向外国政府、国际组织及其他非政府性组织的借款等。国家外债可经双方约定，以债权国、债务国或第三国货币筹集并还本付息。

4. 按发行性质不同，国债可分为自由国债和强制国债

自由国债，又称任意国债，是指由国家发行的由公民、法人或其他组织自愿认购的国债。它是当代各国发行国债普遍采用的形式，易于为购买者所接受。

强制国债，是国家凭借其政治权力，按照规定的标准，强制公民、法人或其他组织购买的国债。这类国债一般是在战争时期或财政经济出现异常困难或为推行特定的政策、实现特定目标时采用。

5. 按使用用途不同，国债可分为赤字国债、建设国债和特种国债

赤字国债，是指用于弥补财政赤字的国债。在实行复式预算制度的国家，纳入经常预算的国债属赤字国债。由于经常性预算缺乏还本付息的资金来源，且不会产生任何直接的收益，因此，一般各国预算法都禁止发行赤字国债。

建设国债，是指用于增加国家对经济领域投资的国债。在实行复式预算制度的国家，纳入资本（投资）预算的国债属建设国债。

特种国债，是指为实施某种特殊政策在特定范围内或为特定用途而发行的国债。

6. 按是否可以流通，国债可分为上市国债和不上市国债

上市国债，也称为可出售国债，是指可在证券交易场所自由买卖的国债。

不上市国债，也称为不可出售国债，是指不能自由买卖的国债。这类国债一般期限较长，利率较高，多采取记名方式发行。

近年来，我国发行的国债种类主要有记账式国债、无记名国债、凭证式国债和特种定向债券。记账式国债，以记账的形式记录债权，通过证券交易所的交易系统发行和交易，可以记名、挂失。无记名国债，以实物券面的形式记录债权，不记名、不可挂失，可上市流通交易，历年来发行的无记名国债券的面值分别为 1 元、5 元、10 元、20 元、50 元、100 元、500 元、1000 元、5000 元、10000 元等。凭证式国债，以"凭证式国债收款凭证"记录债权，是一种国家储蓄债，可以记名、挂失，不可上市流通。特种定向债券，以"特种定向债券收款凭证"记录债权，为不可上市国债，面向社会养老保险基金和待业保险基金的管理机构发行。

四、家庭资产配置的原则

1952 年，马科维茨在《金融杂志》上发表题为《资产组合选择——投资的有效分散化》一文，首次提到了"资产配置"的概念，其理论被誉为"华尔街的第一次革命"，第一次精确了风险与收益的定义，投资者必须平衡风险与收益，进行资产配置，以达到最优的投资组合。作为一个家庭，也要有效地配置资产，既能够让家庭有一定的财产性收入，同时又要具备较强的抵抗风险能力。

（一）家庭资产配置四原则

1. 风险大小

高收益等于高风险，而高风险不一定有高收益。在做资产配置之前，最

需要先关注资金的安全性，谨防各式各样的投资陷阱，不是有这么一句话嘛："你关注的是利息，而对方却惦记着你的本金"。在总资产中，高风险的投入最好不要超过30%。

2. 时间长短

投资周期对资产配置影响十分巨大。如果有300万元的资金，是全部投入到3年期的股权项目，还是进行分散或是周期性的投资呢？比如100万元可以做3+1+1的私募，100万元可以做1年周期的私募，100万元可以做隔3个月或6个月可以重新释放出来灵活调整的规划。

甚至还可以连环规划一个月到期的理财计划。这样当需要急用资金的时候，不至于被全部"锁定"而影响投资安排。

3. 收益高低

如果想每年获得10%~15%的收益，持续让资产稳步增值，就需要通过一个组合投资计划来完成，比如有的是固定收益8%，有的是浮动收益12%，有的收益可以到20%但同时风险系数比较高，通过组合方式既可以有效规避风险，也可以让资金分配得更加合理。

4. 流动性强弱

通俗来说，资金一旦进入投资渠道，就不太容易再拿回来。关注流动性强弱，包括是否可以抵押贷款，是否容易变现等。以房产为例，通常带来的房租收益是不高的，而房子的增值部分如果不卖，就难以产生流动性，除非做房产抵押。以保单为例，如果是高现金价值的年金保险，那么就有很好的流动性。而传统的年金保险，是做的10年、20年计划，显然投入进去的保费流动性就会弱一些。而企业股权投资的流动性就更差，比如IPO项目，如果项目没有上市，那么资金的退出就会变得遥遥无期。

（二）家庭资产配置一般范例

对于进入股票市场的投资者来说，都是为了在市场里获利，都是为了让自己的生活变得更好，那么如何保证自己的生活不因为股票市场的波动而受到更多影响，让自己的家庭资产获得更稳健的收益，是我们进入股票市场之前都必须要考虑的事情，包括家庭资产是如何配置的？分配比例如何？

家庭的资产配置一般要包括以下四项：

1. 保险

这是为了规避风险而采取的一种措施，谁也不希望家庭发生风险，但风险又往往是无处不在的，每个人都有可能遇到意外事件，那么为家庭配置一定的避险措施也是必然的选择，这里配置最重要的就是保险，人身保险或者意外保险，保障在极端情况下让家庭不至于受到根本性的打击，能够平稳地获得现金流。

2. 现金

这也是必须要配置的，家庭每天都会有一定的开支，没有现金显然不行，想要保证中短期的开支不成问题，就要预留三年的现金，才能保证家庭开支无忧，这也是对家人负责的表现。

3. 稳健的投资项目

这里的稳健的投资项目包括债券、货币基金等，总之不是股票投资，而是稳健的、收益率高于定期存款的一些债券和投资项目，比如信托产品也是一种选择，基本上能够保证每年5%以上的投资收益，这也是稳健配置的一种选择。

4. 高风险投资项目

例如股票，这种配置比例不要过高，不投资股票是不合理的，但如果投资的比例过高，就会面临更大的风险，总体上股票是风险比较大的投资，如果选择企业的能力并不强，那么可以选择一些指数性的基金来投资，相对来说更加稳健，也会战胜市场当中绝大多数个股。

80定律，运用到股票投资在财产的配置比例时，是一种非常直观的风险管理手段。年龄和投资可以列为“（100-年龄）×100%”来计算。如30岁可以投资股票70%，其他资产30%，40岁可以投资于股票60%，其他资产40%，其余以此类推。

对于家庭资产配置来说，应该以稳健为第一原则，在稳健的基础上去追求收益，收益并不是第一位的，平稳发展，获得合理的收益，才是正确的选择。

五、为什么要选择股票投资

股票和地产谁更赚钱？十多年来，房价飞涨让房地产成为中国人投资的最主流方式，股市则一直不温不火。不过，瑞士信贷发布的《2018 全球投资回报年鉴》就此给出了答案：相比房地产、债券和黄金，股票才是最好的长期投资标的。

过去 100 多年，房地产的回报率远没有人们想象的那么乐观。《2018 全球投资回报年鉴》在对城市房价指数进行研究后发现，1900 年以来 11 个国家的实际房价平均回报率（剔除通胀影响）只有 1. 3%，美国的房地产回报率最低，仅有 0. 3%。经过质量调整（quality-adjusted）后，全球房产的实际资本收益更是低至-2%。

相比之下，股票的回报率不但超过了房地产，还超过了债券和票据。研究显示，1900 年以来，全球股市的收益率比国库券和债券分别高出 4%和 3. 2%，这也反映了股票投资存在高风险的同时，也拥有更高的回报。从图 1-1 可以看出，美国股票在过去 118 年来的回报率明显高于债券和票据。

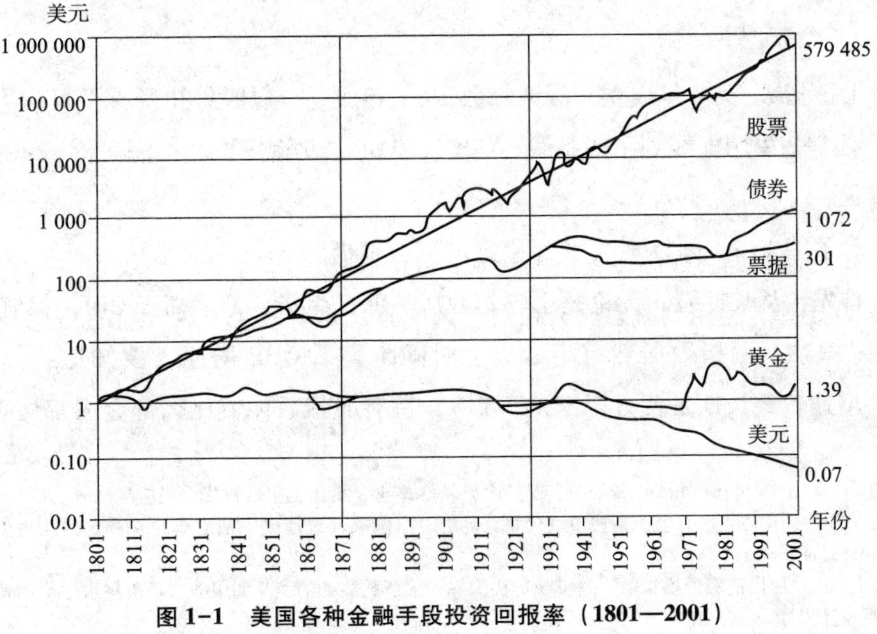

图 1-1　美国各种金融手段投资回报率（1801—2001）

我们来看看中国的情况，房产是我国人民的第一资产，占家庭资产近七成（《中国家庭财富调查报告2017》）。据我们的经验，房产收益相当可观。不过，我们的经验只有短短十几年，那么长期看，房产收益如何？

我国是一个M2[①]特别大、GDP[②]特别高、财务焦虑很大、股市常吃面、房价永远涨的国家。比起黄金、债券，我们更关心下面这些，如图1-2。

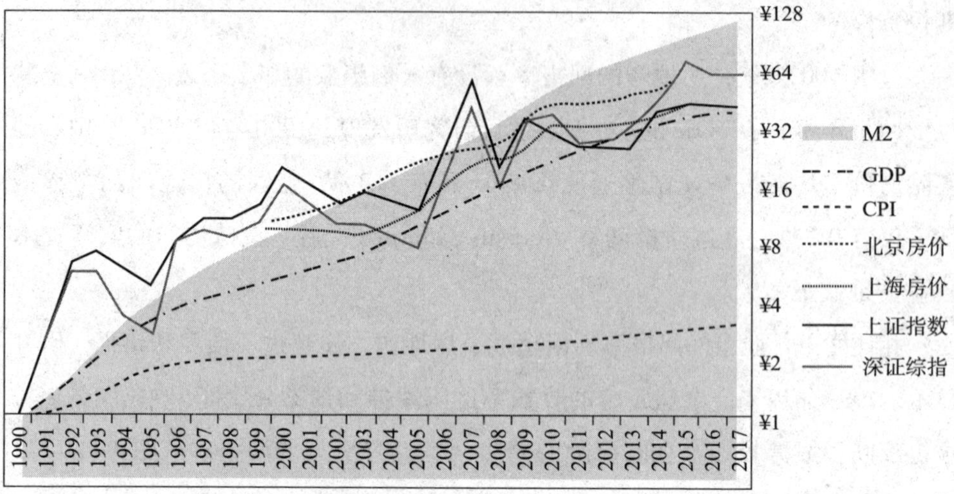

图1-2 长期收益率：股指、M2、GDP、CPI、房价（1990—2017）

资料来源：国家统计局。

上证指数1990年成立，深证综数1991年成立，以股息扣税再投入。

图1-2中用虚线划了四条线：CPI[③]、GDP、北京房价和上海房价，M2作为背景。

看了图1-2，才发现A股原来远没那么不堪。

首先，从长期看，无论是上证指数还是深证综指，都远高于CPI，保值没问题；其次，两指数居然有半数以上时间跑赢了GDP增速（要知道我们的GDP增速曾经长期是西方国家的5倍），持有股指，你就比大部分人都厉害；

① M2：广义货币（broad money），是一个经济学概念，具体见第四章货币供应量部分。

② GDP：国内生产总值，是按市场价格计算的一个国家（或地区）所有单位在一定时期内生产活动的最终成果。

③ CPI：居民消费价格指数，是反映居民家庭一般所购买的消费品和服务项目价格水平变动情况的宏观经济指标。

再次，股指居然能经常挑战一下房价涨幅；最后，股指曾超越 M2 并基本保持与其一致的趋势。

你可能会觉得有点瑕疵，特别是房价这一块，一来和体感不符，二来 2015 年以后没数据了？于是，我又找了民间数据，排序如下：

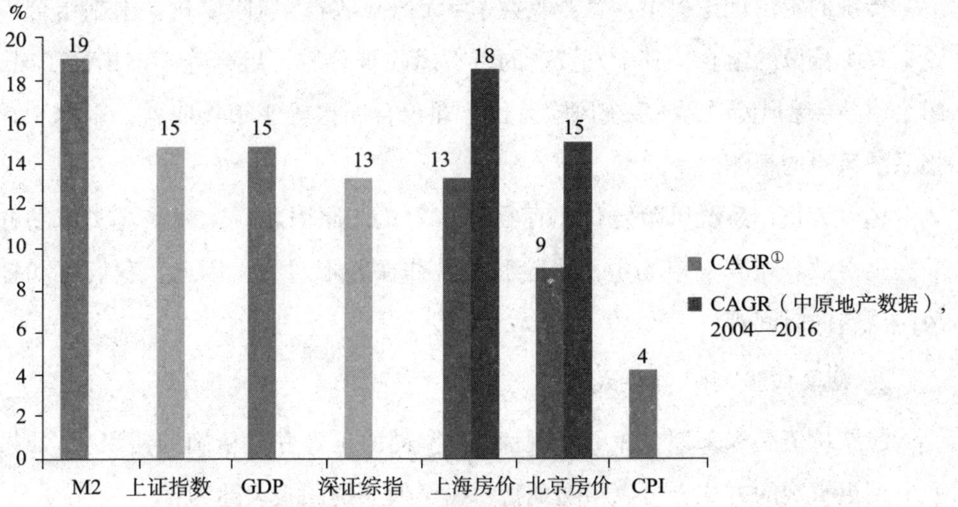

图 1-3　长期复合收益率对比

数据来源：国家统计局。

中原指数 M2、GDP、CPI 和股指都从 1990 年（深证综指 1991 年）算起，是有股市以来的全部数据，共计 27 年。

按国家统计局的数据：北京房价年复合增长率为 9%，上海为 13%，而民间数据（中原地产）是 15%和 18%。当然，中原地产的数据从 2004 年开始，正好是房价飙涨的起点，国家统计局从 1999 年算起，很长一段时间房价基本没动，摊薄了年增长率，所以这个差异应该也算合理。

从整体看，股指历史收益基本能与超高的 GDP 增速持平，在 13%~15%之间；房价，一线城市北京、上海增长最快，2013 年在 17%左右。

从以上数据可以看出，无论中外，无论是一百年、两百年或是二三十年，一篮子股票都是普通人能找到的最好的投资目标，可以长期跑赢其他几乎所

② CAGR：复合年均增长率，即一项投资在特定时期内的年度增长率。

有资产。

组合的一批股票是最好的投资方案，上面的事实数据已经告诉了我们这一点，那么有没有什么逻辑支撑呢？我们来看一下以下六点：

1. 风险溢酬

传统的定价理论提出：资产收益率=无风险收益+风险溢价。根据组合理论，一个分散的组合，其个别资产的特有风险被分散，组合等于市场篮子时，组合收益=无风险收益+系统风险溢价，即组合回报等于市场收益，来源于承担系统风险的报酬。

迄今为止，系统风险定价仍存在诸多争论。原因之一，就是真实市场并非完全有效。在真实市场中，风险和收益往往并不对称，因此，我们不如把风险观转向时间观。

2. 股票回报的模糊公式

股票价值是未来现金流的贴现值。“模糊的正确好过精确的错误”，如果我们用更直观的方式，可以粗略地把一篮子股票的回报表述为：

投资回报=（1+利润变化）×（卖出时的估值/买入时的估值）

举例：我们以 13 倍市盈率买入某资产，若干年后，其市场估值 9 倍，其利润是当初的 33 倍，则投资回报=（1+33）×（9/13）=2350%，如果这笔投资历时 10 年，那么，总回报是 23.5 倍，其中收益贡献了 33 倍。

3. 估值中枢

如第 1 条提及，股票预期收益率包含无风险收益和风险溢价，以此贴现，是估值的实质性基准。拆开看，无风险收益和风险溢价是怎样变化的？

无风险收益是货币的时间成本，是长周期变化因素；历史地，无风险收益在窄区间波动，向通胀回归；如果考虑剔除通胀的“真实回报”（Real-Return），无风险收益变化对收益率的影响将进一步缩窄。

风险溢价是短期与情绪或偏好相关，典型如牛市和熊市、蓝筹偏好和小市值偏好等。但长期来看，风险溢价总是向平均系统风险预期回归。

剔除通胀的无风险收益波动域狭窄；风险溢价向系统风险预期回归。两因素加总，使市场长期估值中枢趋于稳定。

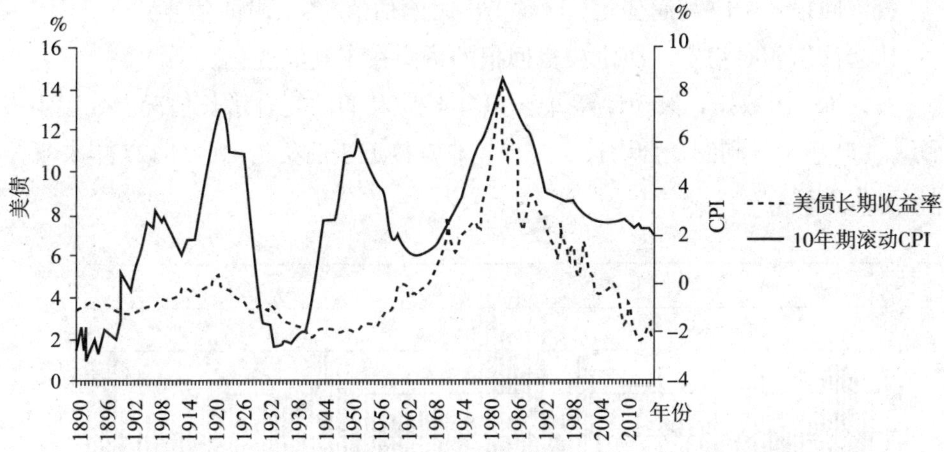

图 1-4　美债长期收益率和 10 年期滚动 CPI（1890—2010）

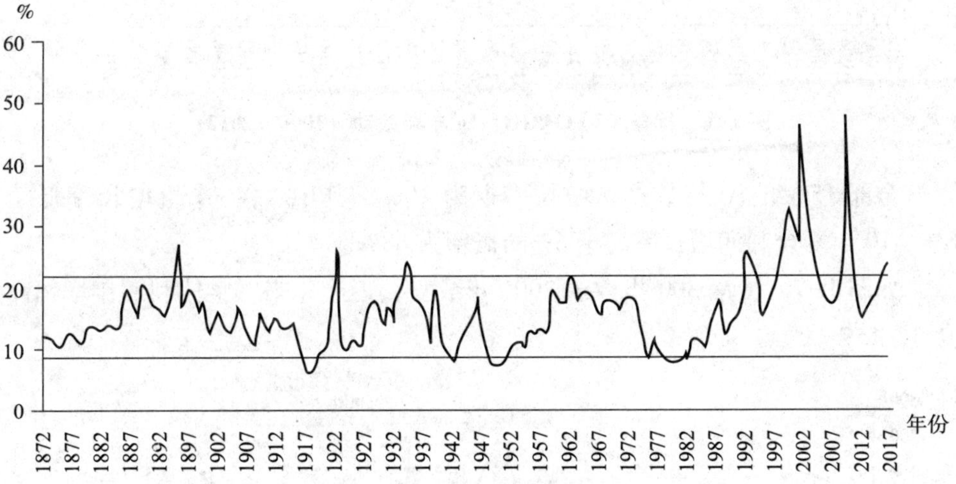

图 1-5　标普 P/E①（1872—2017）

围绕估值中枢，多回合长周期下来，估值对一篮子股票回报的影响趋于不显著（如果不是买在上边界、卖在下边界）。实操上，可以谨慎地给未来估值以一定的折扣。

---

① P/E：市盈率，是股票价格除以每股收益的比率。

4. 利润变化

投资回报=（1+利润变化）×（卖出时的估值/买入时的估值）

比起估值相对稳定，决定投资回报的重头在于利润变化。

一共151组数据，滚动计算每个10年整体利润的复合增长情况。如图1-6所示，120年来，利润复合增长9.23%，非常接近于前文指出的“127年来复合回报率9.3%”。

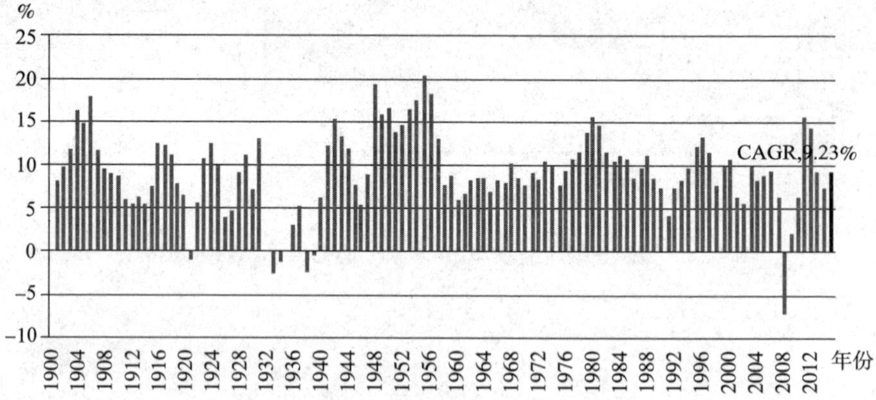

图1-6　标普净利CAGR，10年期滚动（1900—2012）

全部151组10年数据，增长中枢为10%，其中，仅14组增长率低于6%，10年复合利润增长率高于6%的概率为88%。

如图1-7，沪深300指数于2005年成立，近十年来，整体利润年增幅高达12.15%。

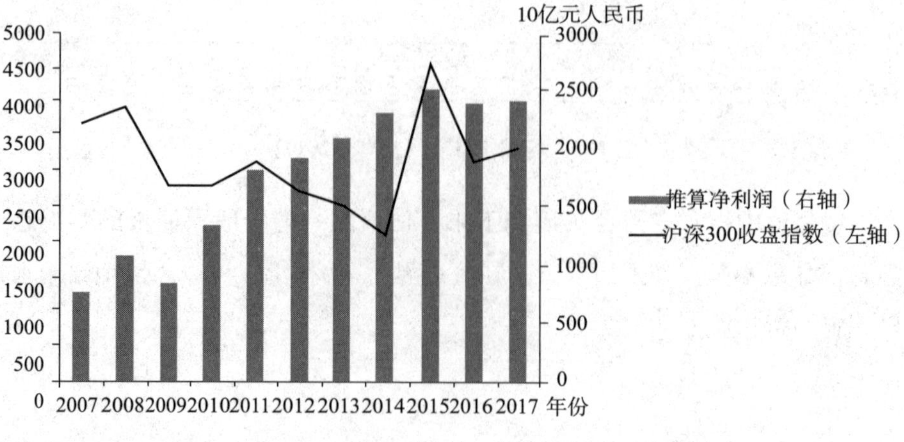

图1-7　沪深300指数10年利润净值（2007—2017）

无论是中国还是美国，企业的长期利润增幅均趋于10%，如果投资的是市场篮子（整个市场），那么长期来看，投资回报会趋于10%，如果投资的篮子好于市场（平均水平），投资回报将大于10%。

5. 企业的价值创造

通过利润的变化，我们终于来到股票的锚点——企业。股票的长期回报，最终得益于企业的价值创造。

那么，企业价值创造的实质是什么呢？

科斯（Ronald H. Coase）提出，企业存在的基础在于对交易成本的优化。企业内部，市场被替代，对资源的主动配置节约了市场固有的运行成本，比如信任、价格形成和一系列契约等，从而形成较价格机制更优的协作体。本质上，企业是优化的协作体系。它以更高效率和更低成本，集聚资源，形成生产力。

企业成长，在于协作体系持续优化的同时，边界扩张。科斯进一步指出，边界取决于企业家的配置能力。当配置效率不再优于市场时，额外交易将超过市场成本，此时，企业达到经济边界。

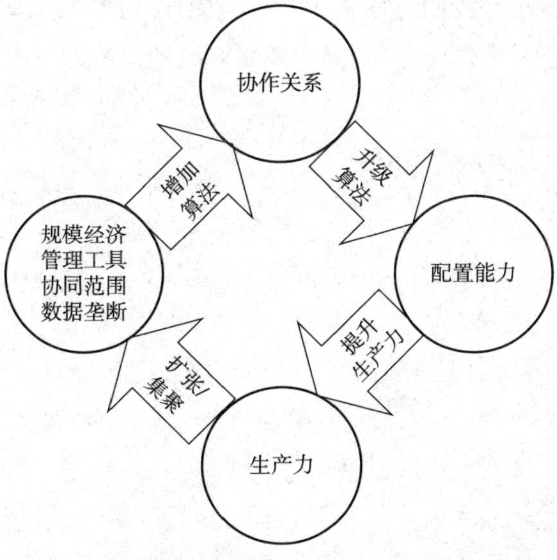

图1-8　企业交易成本的优化

如果把配置能力比作算法，那么，80年后的今天，该算法不再仅仅依赖于企业家个人。他们更像是协作体系的架构者，以优异的协作关系集聚算力、扩展资源，实现算法——协作体系及其配置能力的升级。

微观的，优质企业以此路径达成螺旋式上升。宏观的，每一次管理变革，都将促成协作关系的优化；每一次科学革新，都将提升生产率，最终，生产力趋势性上扬。整体上，企业价值创造源于生产力及其持续提升。

一篮子股票，是一组持续创造价值，且宏观上必然不断升级的生产力。

买股票，就是买生产力。

6. 投资选择

人类世界在近200年爆炸式发展。今天，和历史上的任何时期相比，物质已极大丰富。当然，你可能还有更多物质愿望有待满足，比如更好的房子、车子；同时，世界上还有一些地区和人口仍处于物资匮乏当中。但是，以当今的生产力，批量满足这些需求，也不会特别费力，不可否认人类正在趋近于物质丰沛时代。

这些发展其实都有赖于企业的协作关系，有赖于科技的进步，这是企业存在的核心意义，也是我们选择企业发行的凭证（股票）作为投资最主要目标的根本依据。

第二章　怎样理解股票与投资股票的真实意义

从投资的角度来说，股票确实是最佳的选择目标，美国股票市场200年来的收益情况也很好地说明了这一点，A股的历史尽管不算长，但也有力地说明了这一点，然而现实却又十分残酷地告诉我们，在股票市场里永远都是一赚二平七亏损，为什么一种在长期统计上是赚钱的投资品种，却总体上表现为只有10%的人盈利呢，这种偏差出现在哪里，是什么地方出了问题，导致这样的结果出现，就需要我们从股票的起源说起了。

一、股票的起源与发展

股票距今已有400余年历史，400年前的中国是明末清初，皇太极刚上位，但是在遥远的欧洲，荷兰的阿姆斯特丹，出现了一家载入史册的公司——东印度公司，这是一家国营企业，是政府的资产。

表面上看这家公司搞航海贸易，实为海盗。他们的工作就是掠夺各国香料以及其他物资，千万别以为做海盗容易，这绝对是高风险行业，因为每次出征前都需耗费大量资金补充弹药与粮食，等到香料掠夺回来，再扣去弹药与粮食的支出，事实上也就只剩一点薄利。所以这些海盗们绞尽脑汁整日思考如何解决这笔高额开销，功夫不负有心人，他们终于想到一个方案，就是让本国老百姓也参与进来。

他们让老百姓投钱，这样就圈到大批资金补充弹药和粮食，等到满载而归，海盗们就把钱还给老百姓，还分给老百姓一些掠夺来的物资和黄金，这些物资和黄金就是分红。但这些海盗知道，并非每次都能掠夺到大量物资，而且每次出海归来的时间也很难确定，假如在回国之前入股的老百姓需要用钱怎么办？于是他们未雨绸缪又搞出一个交易市场。

老百姓们投钱给海盗，海盗就给他们一个纸条，这个纸条就是投钱的凭证，上面写着投入的金额，如果想中途把钱取回，不用去找东印度公司，可以拿着凭证去交易市场，把凭证卖给别的老百姓，当然也可以长期持有，因为只要海盗们每次都能满载而归，凭证就会升值。

这就是最早的股票与股票交易，而中国的股票也不是20世纪90年代才有，早在1916年，孙中山与沪商虞洽卿共同建议组织上海交易所股份有限公司，拟具章程和说明书，呈请农商部核准。1920年2月1日，上海证券物品交易所在总商会开创立会，2月6日交易所召开理事会，选举虞洽卿为理事长。

农商部于1920年6月批准在上海设立证券物品交易所，运作模式引用日本所，还聘请了日本顾问。1920年7月1日，上海证券交易所开业，采用股份公司形式，交易标的分为有价证券、棉花等七类。这就是近代中国最早的股票。

中国股票发行经历了清政府、北洋政府、国民政府（中间还隔有汪伪政府），新中国人民政府。购买股票使用的币种有银两、银元、法币、中储券、金元券、人民币等。

知道了股票的产生与发展，那么股票是什么，本质上股票就是企业的一种股权凭证，买入股票就是买入了企业的一小部分股权，不管是在一级市场还是二级市场，股票的本质意义一直没有改变过。它不只是一个代码、一串数字，更是在它背后有着一群人，在辛勤工作，在努力奋斗，尽管可能400年前这群人是海盗，但他们也是真实存在的，是看得见、摸得着、活生生的人。

二、投资股票的真实含义

从股票的起源我们知道了，股票本身就是企业发行的一种股权凭证，是股份公司为筹集资金而发行给各个股东作为持股凭证并借以取得股息和红利的一种有价证券。每股股票都代表股东对企业拥有一个基本单位的所有权。每家上市企业都会发行股票。

同一类别的每一份股票所代表的企业所有权是相等的，每个股东所拥有的企业所有权份额的大小，取决于其持有的股票数量占企业总股本的比重。

股票是股份公司资本的构成部分，可以转让、买卖，是资本市场的主要长期信用工具，但不能要求企业返还其出资。

作为二级市场的投资者，买入了股票的本质含义，其实就已经成为了企业的股东，从法律意义上来说，持有的股票所代表的权利与义务与董事长持有的股票所代表的权利与义务没有任何区别，只是持有的数量不同，并且投资者本身不参与企业的管理。

三、什么是 K 线图以及 K 线图的作用

股市当中的投资者，都无法绕过一个图形，就是股市的 K 线图，或者说，进入股市的第一眼就是看到了一张 K 线图，也许天天都在看着 K 线图，那么你真的有认真了解过它吗？知道 K 线的历史吗？了解它的诞生吗？知道它有什么样的作用吗？让我们从 K 线的诞生来看一下：

K 线图这种图表源出于日本德川幕府时代，被当时日本米市的商人用来记录米市的行情与价格波动，后因其细腻独到的标画方式而被引入股市及期货市场。目前，这种图表分析法在我国乃至整个东南亚地区尤为流行。由于用这种方法绘制出来的图表形状颇似一根根蜡烛，而这些蜡烛有黑白之分，因而也叫阴阳线图表。通过 K 线图，我们能够把某日或某一周期的市况表现完全记录下来，股价经过一段时间的盘档后，在图上即形成一种特殊区域或形态，不同的形态显示不同的意义。我们可以从这些形态的变化中摸索一些规律。K 线图形态可分为反转形态、整理形态及缺口和趋向线等。

那么，为什么叫“K 线”呢？实际上，在日本的“K”并不是写成“K”字，而是写做“罫”（日本音读 kei），K 线是“罫线”的读音，K 线图称为“罫线”，西方以其英文首字母“K”直译为“K”线，由此发展而来。

原来 K 线并不是为了股市而诞生的，而是为了米市，只是后来被用来记

录股价的变化，它本身只有记录股价的作用，除此之外的功能，都是人为给加上去的，如果想用过去的 K 线判断未来股价的走势，那一定要想清楚了，这种判断有没有依据。

四、决定股票长期涨跌的核心要素

是什么决定股票价格长期涨跌，这是一个必须要搞清楚的问题，或者说是什么决定了价格，从马克思的理论，我们清楚地知道价值决定价格。从政治经济学角度来看，价格是价值的货币表现，同时价格的波动是由供求关系引起的。

劳动决定价值这一思想最初是由英国经济学家威廉·配第提出的，他还指出商品价值量与劳动时间成正比，与劳动生产率成反比。

西方经济学研究商品价格时主要是从商品的供求影响价格来考虑商品价格的决定因素和变动机制。

所谓供给，是指在一定时期内，生产者在一定价格条件下愿意并且能够提供的某种商品或劳务的数量。这里强调的是生产者既愿意又能够提供的商品或劳务的数量，即我们常说的有效供给。所谓需求，是指消费者在某一时点上和某一价格条件下，对某种商品或劳务愿意购买并能够购买的数量。这里强调的是愿意购买并能够购买，是一种有效需求。

当供不应求时，商品短缺，购买者会争相购买，销售者就会趁机提价，买方不得不接受较高的价格以满足自身需要，于是出现“物以稀为贵”的现象，也就是出现了卖方市场，是卖者起主导作用的一种市场类型。由于供不应求，卖方在市场交易中处于有利地位，即使提高价格也能把商品卖出去。

当供过于求时，商品过剩，销售者竞相出售，购买者会持币待购，卖方不得不以较低价格处理他们过剩的存货，于是出现了“货多不值钱”的现象，也就是出现了买方市场，由买者起主导作用的一种市场类型。由于供过于求，买方在市场交易中处于有利地位，价格通常趋于下降。

从理论上来说，股票的长期价格变化趋势是由价值决定的，但短期的剧烈波动是由需求决定的，也就是说价值决定长期发展趋势，需求决定短期波动的大小。

投资的标的物，也就是企业，无论大盘如何波动，从长期来看，只要企业持续优秀，业绩一直良好，那么股价总是会上涨的。

这里指的市场需求更多的是股民对于买入股票的态度，当市场上货币充裕，微利率较低，其他投资品收益较差的时候，股民对于股票的需求就会增加，当短期内这种需求大幅度增加时，就会带来股票市场的大幅上涨，当市场情绪极度低迷，大家对于股票充满恐惧的时候，各种股票都会被以白菜价抛售。

如果单纯的是价值决定价格，没有市场情绪的波动，没有需求的变化，那么股价的运行应该如图 2-1 所示。

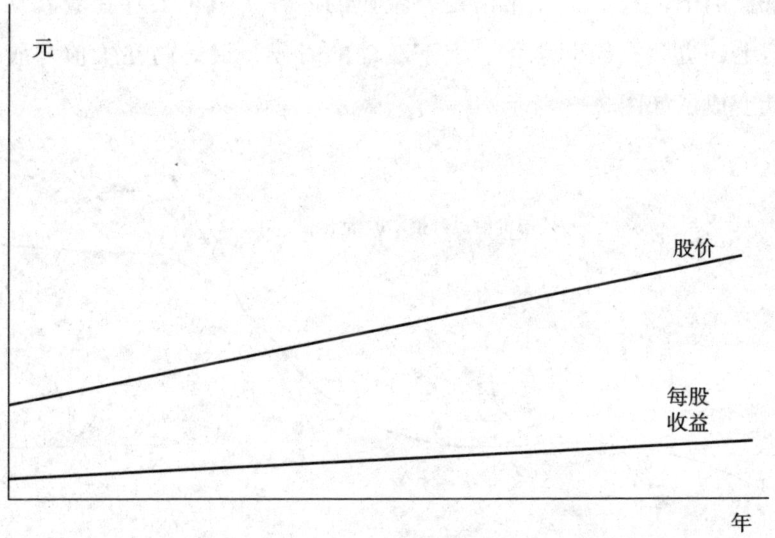

图 2-1　单纯价值决定价格时股价的运行

然而市场不总是理性的，总是会有极度的乐观与悲观，总是会有情绪上的起伏，导致股价在理论上应该是如图 2-2 所示波动。

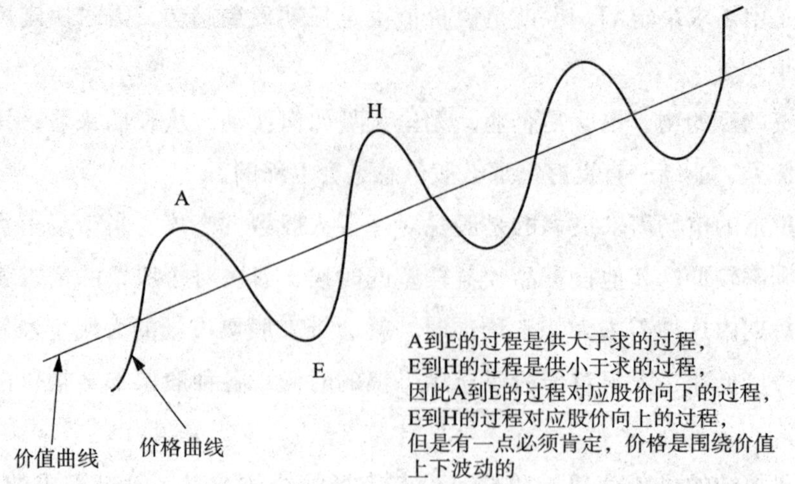

图 2-2　股价波动图

但现实当中，我们也非常清楚，企业的内在价值也会存在着波动，不会是一直向上，也会有经营恶化、上下波动的时候，最终内在价值与股票价格的关系就变成了如图 2-3 所示。

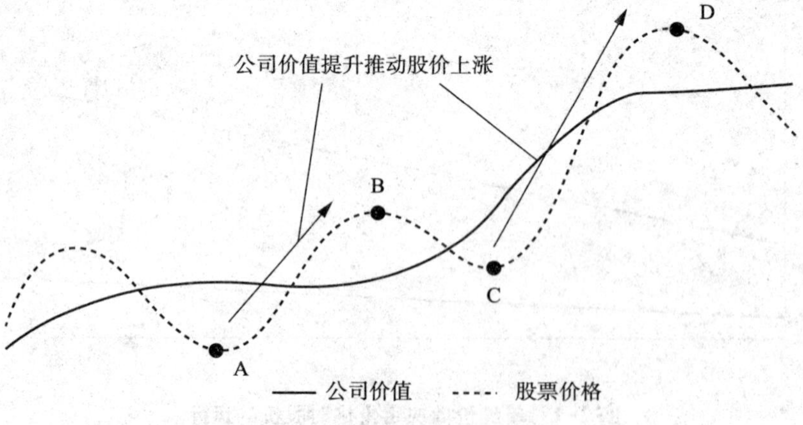

图 2-3　企业价值与股票价格

由此我们得出结论：股票长期涨跌是由发行股票的企业内在价值变化所决定的，市场需求会加剧股票价格的波动，但不会从本质上改变股票价格波动的方向，如果想要判断长期股票价格的运动方向，就必须要清楚企业未来价值变化的方向，而这种内在价值体现在企业销售收入以及净利润的持续增长上。

第三章　投资理念的作用

理念是体现投资者投资个性特征的，并促使投资者开展分析、评判、决策，指导投资者行为，反映投资者投资目的和意愿的价值观，理念本身也是一种价值观的体现，有什么样的价值观就会有什么样的理念。

理念就是你的思想在实战中不断磨合，来自于自身心性的升华。它是一种抽象而又高度概括的东西，不是思想过程和方法，而是全部思想的总纲。

理念不可能用语言完整地表述和传授，它需要用心去体会，去领悟，去思考。

投资中的理念就是股市生活中体现出来的人生观、世界观，也即价值观。通过对规律的了解，对企业发展的分析与判断，在概率的基础上对风险和利润进行比较，确定哪些值得去投资。

成功的投资理念不可能一次形成，它靠的是累积，因人而异。

对股市的认知产生理念，理念产生交易策略（交易法则），交易策略产生交易。因此，理念的位置是处于理解和行动之间。

在股票市场里时间越久的投资者，越会注意到投资最后其实就变成了哲学问题，就是要思考我是谁？我从哪里来？我要去哪里？其实就是在思考我做什么样的投资？我现在应该做什么？我什么时候卖出？投资到最后其实拼的就是理念，或者说是对投资的理解，只有对投资有真正的理解，才能在下跌途中敢于持股，越跌越买。

例如 2018 年，可能会使所有信念都被击毁，对股票市场的理解总结出来一句话：中国的市场就是不能持股，持股时间越久亏得越多。那么如果庆幸 2018 年底躲过了下跌，2019 年的春天是不是也错过了上涨呢？为什么会出现这样的情况？因为躲过所有下跌，空仓后如果股票市场上涨，不可能身在其中。

巴菲特说当股票下跌的时候，他跳着踢踏舞去上班。那么当股票下跌的时候，你的心理是这样的感觉？如果一直都是心如刀绞的感觉，那就真的不适合在股票市场里投资，道理非常简单，股票本身就是资产，买入股票本身就是买入资产，资产应该是越便宜的时候买入越多，而不是因为便宜了反而卖出了。

股票是企业的一小部分股权，其实市场下跌是机会的来临，市场上涨本身是风险的积累，那么当股票下跌的时候，应该感到兴奋，而不是恐惧，只有建立这样的基本逻辑，才能把投资做好。

一、为什么高抛低吸是正确的废话

波段操作被许多人喜爱，因为既能获得一定的收益，又能够避免市场下跌的煎熬，同时又满足了许多市场参与者短期内有一定交易的愿望，但往往想好的高抛低吸，最终可能做成了低抛高吸，总是理想很丰满，现实很骨感，那有没有认真仔细思考过，为什么会出现这样的现象？做不好波段的原因是什么。

投资从本质上来说是成为一个企业的合伙人，与现实当中做实业投资是一样的道理，在股票市场里交易，遵循的依据是要符合客观现实。

如果做了长时间的高抛低吸都不成功，那一定是判断高低的标准错了，这个标准的依据出了问题，要重新定义判断的依据，并且使这种依据更加接近现实，而不是使这种标准只适用于股票市场，如果离开了 K 线图就不会判断高与低了，显然就是选择的方法出现了问题。

如果单纯依据图形来判断高与低，且长时间的实践证明了交易是失败的，投资收益是不成功的，那么就需要重新来判断图形是否真的能够作为高抛低吸的依据了。

从投资的角度来说，如果确实想做高抛低吸，那么唯一可以用来判断高与低的标准就只有估值，高于估值上限可以卖出，低于估值下限可以买入，这是做好高抛低吸的唯一方法，估值就像一把尺子，把相对的高与低具体量化了，高与低本身是相对的概念，没有参考对象，是无法具体判断什么是高、什么是低的，只有给出一个参照物才能判断，传统的技术分析方法，无法给出这个参照物，比如5元钱的股价是高还是低，50元钱的股价是高还是低，那茅台还高过了500元钱呢。没有了参照物，判断高低的时候经常出现错误，导致做成低抛高吸，而估值能够非常好地解决这个问题，可以按照估值来进行高抛低吸。

二、投资和投机的区别与联系

投资，指国家、企业以及个人，为了特定目的，与对方签订协议，促进社会发展，实现互惠互利，输送资金的过程。又是特定经济主体为了在未来可预见的时期内获得收益或使资金增值，在一定时期内向一定领域投放足够数额的资金或实物的货币等价物的经济行为。可分为实物投资、资本投资和证券投资等。前者是以货币投入企业，通过生产经营活动取得一定利润，后者是以货币购买企业发行的股票和企业债券，间接参与企业的利润分配。

从财务方面来说投资意味着买证券或其他金融资产。估价是估计一项潜在的投资价格值得与否。投资的类型包括房地产、证券、黄金、外币、债券和邮票。这些投资也许会提供未来的现金流，也许其价值会增加或减少。总结来说就是一句话，投资是让度目前消费而期望在未来获得一定收益的行为。投资一般来说都会经历比较长的时间，特别是在现实生活中，投资入股具体的企业，一般都会经历数年的时间，从筹建、研发、生产产品，到销售，最终获得利润，才会看到具体的投资收益，企业如此循环往复，不断为投资人创造收益。

投机指根据对市场的判断，把握机会，利用市场出现的价差进行买卖从中获得利润的交易行为。更为通俗的定义是：投机就是投资机会，没有机会就不进场交易，如同打猎，不看见猎物绝不开枪。民众日常购买彩票等利用所获信息根据自有资源做出的交易选择，都属于投机。投机的目的很直接——获得价差收益。

投机可分为实体经济投机和虚拟经济投机两大领域，其中内涵最丰富和最复杂的无疑是证券投机。它是指人们通过各种专业分析手段，对影响证券价格波动的各种信息进行分析来研究市场波动规律，以从中获得价差收益的行为。

显然投机的根本出发点是为了获得价差，或者说现在买入是因为判断未来会有人愿意出更高的价格买走，所以现在买入的价格与投机品本身的估值关系并不密切，有可能是高于其估值买入，也可能是与估值相同或者低于其估值买入，这并不是核心决策依据，核心的决策依据是判断在未来会有人以更高的价格来接盘，这也是与投资的本质区别。

从这么多年的市场实践来看，A 股市场的多数市场参与者，其实都是投机者，比如用图形来判断短期价格会上涨，所以现在去买入，那么当然是期望未来的某一天，会有人把价格抬到更高的位置，然后来卖出获利，这是一种典型的投机思维，只是市场参与者给自己找到了一个貌似能够判断未来股价会继续上涨的依据，本质上其实是一种心理的安慰，因为这种方法的胜率从来也没有超过掷硬币的概率，只是投机者自己以为找到了依据而已。

股票市场本身就具有两种功能——投资、投机。这两种功能也不是今天才有的，自从市场诞生那天起就具有了，人们来到市场里是投资的，还是投机的，完全取决于自己对于市场的认识，要投资，市场就会给你投资的回报，要投机也没有关系，市场也完全可以配合，市场就喜欢这种快进快出的参与者，并且也只有快进快出，券商才能获得更高的收益。

三、炒股就是选择与等待的艺术

投资的过程就是选择一个优秀的企业，在合理的价格买入，然后等待合适的卖出时点到来。简单总结起来，投资其实第一条是选择，选择行业，选择企业，选择合适的估值去买入；第二条是等待，等待符合卖出条件那一时刻的到来，只有做好这两点，投资才会成功。

股权投资是典型的价值投资。我们经常能够看到媒体报道，某某投资者投资某个企业上市了，当时投资的几百万元现在已经变成几十亿元了，为什么投资股权是当下收益最高的投资方式？正是源于优质企业的成长性，在企业处于价值低位时入场（股权投资更可能是在企业的初创期就已经入场），随着企业不断发展，投资者就是企业成长红利的最大受益者。这里要说选择的重要性，不能只看到成功的投资经历，也有许多投资的钱都打了水漂，只是媒体对于失败的案例报道得比较少罢了，如果选择的投资项目没有前景，那么亏损也是必然的。

同样是从事股票证券行业，为什么成功的是巴菲特，而不是李菲特、张菲特？因为，巴菲特买的不仅仅是股票，而是企业股权的一部分。股权的放大和兑现，需要时间的沉淀，需要投资者耐心等待。为什么买到大牛股而最终没有赚到钱呢？是因为没有耐心，也许买入之后三个星期不涨，就急着卖出了，那么后面就算涨一百倍也白搭。

投资本身最重要的第一环节就是选择，选择一个什么样的团队，选择一个什么样的行业，这是第一步，也是基础，只有选择到前景美好的行业和企业，投资才有可能成功，如果本身行业很差，企业质地一般，想成功就难上加难了，即使等待再长的时间也不可能换来一个成功，也许等得越久亏损越多。选择是基础，等待是条件，只有既会选择，又能够有耐心等待，把选择与等待的艺术发挥到极致，投资才有可能获得好的收益。

巴菲特于 1935 年开始喝可口可乐，巴菲特父亲的杂货店在 1936 年开始以每瓶 25 美分的价格购进可口可乐，然后以每瓶 30 美分的价格零售出去。巴菲特在 6 岁（1936 年，巴菲特出生于 1930 年 8 月）的时候，就曾经通过贩卖可乐赚了一笔，之后他本人更成为了可口可乐的忠实顾客，每天都会喝樱桃味的可口可乐。在巴菲特看来，可口可乐拥有强大的品牌效应和遍布全球各地的营销网络，拥有竞争对手无法逾越的“护城河”。

可口可乐是种“简单”的生意，它有提价能力和“护城河”，正是巴菲特喜欢的那种。到了 20 世纪 70 年代，企业的主要业务不是卖可乐，而是提供装有浓缩糖浆的瓶子和苏打喷泉。尤其是在 70 年代中后期，因为可口可乐总裁盲目的多元化发展使得企业陷入停滞，股价也因此一蹶不振。不过，在 80 年代中期，可口可乐的经营者意识到了其发展战略上的失误，开始将发展的重心回归到主业上，这也使得可口可乐的盈利开始慢慢复苏。1988 年，可口可乐的市盈率在14~15倍。1984—1988年可口可乐的收入增长了13%，净利润增长了60%，其内在投资价值已经开始逐步显现。巴菲特仔细研究了可口可乐过去80年的年报。他发现这个卖糖水给制瓶企业的可口可乐，其毛利率高达80%以上，就好像软件企业一样。这家企业未来的成功取决于它能向全世界卖出多少份可乐，数量越多，赚钱越多。在过去80年里，没有一年其销量不是增加的！这80年的重大灾难性事件包括：第一次世界大战、经济大萧条、第二次世界大战、朝鲜战争、越南战争、“冷战”、无数次的经济衰退，以及70年代在印度被逐出市场等。在这整个过程中，可口可乐年年都在成长。巴菲特和芒格问自己的问题很简单：到2000年、2025年、2050年……可口可乐的销售量会是多少？这个结论很可能让人垂涎欲滴。然后，将这所有的未来自由现金流折现到目前的价值。因此，巴菲特在1988年开始大量买入可口可乐的股票，并因此而获取了丰厚的投资回报。

从巴菲特开始消费可口可乐再到贩卖可乐赚钱，最后到他买入可口可乐的股票整整过去了50多年，这是一个漫长的过程，也是一个反复挑选的过程，显然该过程当中充满等待，如果没有足够的耐心，如果没有足够吸引人的价格，那么也不会获得如今如此丰厚的回报。投资就是选择一个优秀的投资对象，等待合适的买入和卖出时机。

四、技术分析与基本面分析的关系

（一）技术分析

技术分析是指以市场行为为研究对象，以判断市场趋势并跟随趋势的周期性变化来进行股票及一切金融衍生品交易决策的方法的总和。技术分析认为市场行为包容消化一切信息，价格以趋势方式波动，历史会重演。

自股票市场产生以来，人们就开始了对股票投资理论的探索，形成了多种多样的理论成果。实际上，技术分析是100多年前蒙昧时期创建的股票投资理论，是精明的投资者对股价变化进行长期观察并积累经验，逐步归纳总结出来的有关股市波动的若干所谓的规律。

经过长期发展和演变，技术分析形成了众多门类，其中有代表性的是道氏理论和波浪理论。

所有的技术分析都是建立在三大假设之上的。①市场行为包容消化一切。这句话的含义是：所有的基础事件——经济事件、社会事件、战争、自然灾害等作用于市场的因素都会反映到价格变化中来。②价格以趋势方式演变。③历史会重演。

技术分析能为我们提供建仓时机和点位。但是需要明白，所有的技术指标都是对历史数据进行分析统计以预测未来的行情和走势，有可能预测错误。

技术分析认为只要关注价格趋势的变化及成交量的变化就可以找到盈利的线索。技术分析的目的是寻找买入、卖出、止损信号，并通过资金管理在风险市场中长期稳定获利。

技术分析的分类：

1. 指标类

指标类是根据价、量的历史资料，通过建立一个数学模型，给出数学上的计算公式，得到一个体现金融市场的某个方面内在实质的指标值，指标反映的内容大多是无法从行情报表中直接看到的，它可为我们的操作行为提供指导方向，常见的指标有相对强弱指标（RSI）、随机指标（KDJ）、趋向指标（DMI）、平滑异同移动平均线（MACD）、能量潮（OBV）、心理线（PSY）、乖离率（BIAS）等。

2. 切线类

切线类是按一定方法和原则，在根据价格数据所描绘的图表中画出一些直线，然后根据这些直线的情况推测价格的未来趋势，为我们的操作提供参考，这些直线就叫切线。常见的切线有趋势线、轨道线、黄金分割线、甘特线、角度线等。

3. 形态类

形态类是根据价格图表中过去一段时间走过的轨迹形态来预测价格未

来趋势的方法。价格走过的形态是市场行为的重要部分，从价格轨迹的形态中，我们可以推测出证券市场处在什么样的大环境之中，由此，对今后的投资给予一定的指导。主要的形态有 M 头、W 底、头肩顶、头肩底等十几种。

4. K 线类

K 线类是根据若干天的 K 线组合情况，推测金融市场中多空双方力量的对比，进而判断证券市场行情的方法。

5. 波浪类

波浪理论是把价格的上下变动和不同时期的持续上涨、下跌看成是波浪的上下起伏，认为价格运动遵循波浪起伏的规律，数清楚了各个浪就能准确地预见到跌势已接近尾声，牛市即将来临。波浪理论较之别的技术分析流派最大的区别就是能提前很长时间预计到行情的底和顶，而别的流派往往要等到新的趋势已经确立之后才能看到。

（二）基本面分析

与技术分析相对应的分析被称为基础分析，又称基本面分析。

一般我们所讲的基本面分析是指对宏观经济面、企业主营业务所处行业、企业业务同行业竞争水平、企业内部管理水平包括对管理层的考察诸多方面的分析，数据在这里充当了最大的分析依据，但往往不能以数据来做最终的投资决策，如果数据可以解决问题，那计算机早就代替人脑完成基本面分析了，事实上除了数据还要包括许许多多无法以数据来衡量的东西。

基本面分析是以证券的内在价值为依据，着重于对影响证券价格及其走势的各项因素的分析，以此决定投资购买何种证券及何时购买。

基本面分析的假设前提是：证券的价格是由其内在价值决定的，价格受政治的、经济的、心理的等诸多因素的影响而频繁变动，很难与价值完全一致，但总是围绕价值上下波动。理性的投资者应根据证券价格与价值的关系进行投资决策。价格有时高于价值，有时低于价值，但迟早会回归价值，股价的波动常常远大于基本面的波动。

趋势投资者喜欢追着价格跑；价值投资者喜欢跟着价值走。有时候，价格跑离价值之远、时间之长会超出我们能忍受的范围，但它们之间的联系不会断。

基本面分析包括：

宏观：研究一个国家的财政政策、货币政策，通过科学的分析方法，找出市场的内在价值，并与市场实际价值做比较，从而挑选出最具投资价值的股票。

中观：是指企业涉入行业的状态、所处地域条件及相关业务关系等外在要素的集合，主要包括行业环境、地域环境、业务环境等的分析。

微观：研究上市企业经济行为和相应的经济变量，为买卖股票提供参考依据。

一般的基本面分析会从宏观经济面开始，然后再到企业所在行业分析，最后才是企业的分析，这是至上而下的分析方法，当然从投资的角度来说，也有单纯进行企业分析而不太在意宏观与行业分析的情形存在，分析的顺序是企业—行业—宏观，这是一种至下而上的方式。无论哪种方式都没有好坏之分，均是可行的方式。

技术分析与基本面分析两者会经常性地互相攻击，大有水火不容的态势，两者互踩已经是天天在上演的连续剧，那我们有没有认真考虑过，这两者是否可以兼容，是否可以并存？

恐怕绝大多数人的答案是否定的，但其实这本身也并不绝对，不管是技术分析还是价值投资（基本面投资），两者从本质上是没有太多分歧的，都是帮助我们渡河的船，都是工具，可以互相参照、共同促进。

基本面分析能够给我们找到一个优秀的企业，在这个优秀的企业基础之上，再适当地使用技术分析来判断具体的交易时点，也是可以提高收益、降低风险的。基本面分析给我们一个坚固的舞台，我们在这个舞台上可以尽情跳舞，也就是说基本面分析给技术分析提供基础，只有在优秀企业的基础上去运用技术分析才是有意义的，如果没有挑选到优秀的企业，盲目进行技术分析，显然是巨大的冒险。基本面的优点在于寻找优秀企业，在于给出估值区间，但却不能给出最佳的买入点，技术分析能够决定交易的时点，但却无法判断高低，也无法判断企业的优秀与否，这两个方法各有所长，相互补充，当然基本面分析单独使用也可以盈利，但技术分析单独使用恐怕盈利就非常困难了。

可以说技术分析与基本面分析的结合是一个高难度动作，如果不能将两者运用自如，那最好只使用单一方法。

五、投资股票的核心理念总结

投资股票，其实与现实生活中投资一个企业是一样的道理，就是与合伙人一起经营企业，一起在现实当中做生意赚钱，只有不断从市场当中赚钱，企业的价值才会增长，股票的价格才会持续上涨，而二级市场买入股票与现实生活中与合伙人合伙做生意的不同在于，现实中你可能会是大股东，或者至少也会参与管理，但买入上市企业的股票，你不大可能参与管理，也不大可能成为大股东，除此之外，你的权利与义务与大股东是没有区别的。

有什么样的投资理念，就会有什么样的行为，这个行为将决定未来的收益，建立一个正确的理念是投资赚钱的基础，如果现在的理念依旧停留在投机或者赌博上，那么还是建议停下来，这也是一种进步，如果在股市里进出了七八年，仍然没有赚钱，那么应该总结一下，是不是理念出错了，如此努力，却没有收益，显然是不正常的。

第四章　宏观经济分析与判断

在进行投资分析的时候，首先要进行宏观的经济周期分析。宏观投资环境是指影响整个社会资本运动的社会的、经济的、文化的各种要素的综合，它所涉及的变量参数包括：国民经济运行指标、社会发展指标、一国或一地的人文情况、政治法律制度以及地缘关系等。宏观投资环境决定了社会总体投资流向、投资总量以及投资规模与结构。

一、宏观投资环境

（一）经济体制

经济体制是一个国家的基本经济制度，它直接决定了社会经济资源的配置原则和经济运行的方式方法等。不同的经济制度下的目标取向是不同的，会对整个社会的经济活动产生根本性的影响，并直接影响到投资的目标定位和管理程序及管理方法等。我国经济体制改革的目标取向是建立社会主义的市场经济体制，而且现在已经初步形成。因此，要认识到市场经济体制是我国的基本经济制度，按市场规律办事，深入研究和分析引起市场变化的各种因素，正确预测市场变化的主要趋势，才能在千变万化的市场环境中找到最佳的投资时机，获得最好的投资效益。市场决定投资，投资反作用于市场，这是永恒的法则。随着我国改革开放的深入发展，高效和规范的市场环境的建立是大势所趋，这个特定的经济环境必然要求我们要以全新的概念和有效的方法来搞好各项投资管理工作。因为在目前我国经济体制下，既充满了风险，又充满了良好的投资机遇，如何把握十分重要。

（二）经济运行状况

一定时期社会的经济运行状况，主要应看社会总供给和总需求的均衡关系。因为总供给是一国经济实力的表现，而总需求是该国一定时期消费能力的体现，两者不平衡表明了该国生产过剩、消费信心不足，或表明该国生产能力不足，使国民消费不能得到充分满足。宏观经济运行状况对投资的影响是不相同的，因为当总供给和总需求平衡时，一般无须增加或减少投资，此时投资的增长率只要保持与总供给和总需求对应增长关系便可。如果总供给大于总需求，应分两种情况考虑，第一，如果投资是需求引起的，对投资有一定刺激作用，因为此时的投资成本较低，同时投资增长会转化为消费需求的增长，对推动经济增长具有重要意义；第二，如果总供给大于总需求不是投资需求引起的，可能对投资有抑制作用，因为社会需求的不足会引起投资收益的下降，如经济没有增长迹象，投资前景不容乐观。如果总供给小于总需求，总体上对投资总是有刺激作用的，因为供给的增长需要投资来完成。然而，总供给和总需求不是根本对立的，而是相互影响、相互制约，甚至可以相互转换的。投资增长不但强化了社会供给能力，同时也增强了社会的消费能力。另外，要对宏观经济影响状况做深入和具体的分析，因为宏观不利于投资，并不意味着具体投资事项无利可图。同样，如果宏观环境有利于投资，也不意味着具体投资事项必然能盈利。

（三）经济周期

经济周期是指经济发展过程中经济扩张与收缩的交替，它主要体现在有关经济增长率指标的变化上。一般讲一个经济周期是由一个扩张期和接下来的一个收缩期构成的，它有两个转折点，即扩张期向收缩期转变的顶点和收缩期开始复苏的最低点。经济周期是世界各国普遍存在的现象，并且它与投资的关系非常密切，两者既相互作用又相互制约。总的来讲，当经济处在上升阶段时是有利于投资的，特别是在经济刚刚开始回升时，投资成本一般较低，证券市场的各种证券价格也可能处于低水平阶段。一般在此时投资，无论是实业还是证券，风险较小，成本较低，而随着经济的增长，未来收益水平会不断上升。

当经济周期处于上升阶段的后期，社会经济开始出现疲软现象时，则不利于实业和证券投资，因为此时市场信心不足，消费开始下降，投资风险明显增长，预期收益并不乐观。但进行适度的银行性金融资产投资可能是有利的，因为此时银行的各种存款利率可能会提高。作为一个理智的投资主体，面对经济周期的变化和影响，应随时自觉和有效地调整自身的投资行为和投资管理方法，以确保投资的安全和稳定。

（四）财政政策

所谓财政政策，实际是一个国家一定时期财政收入和财政支出的主体政策。当一个国家采用高税率等政策来增加财政收入，并同时降低其财政支出的财政政策时，通常称为紧缩型财政。反之如国家采用减低税率，扩大财政支出和鼓励投资的财政政策时，则称为宽松型财政。财政政策的变化对投资具有直接或间接的影响。一般讲，宽松的财政政策会对投资起到促进作用，因为国家财政支出的增加，会相应地扩大社会总投资的规模，随着经济增长不断加快，这种财政政策的作用不断体现，并能确保投资具有良好的收益。

但经济过热时，采用适度紧缩的财政政策也是十分必要的，但长期采用该种政策，对投资具有明显的制约作用，使经济增长缓慢，影响投资人的信心。值得注意的是，财政支出中用于投资的支出是社会投资的重要来源，这种投资除了必须由政府承担的公共性投资支出外，其余投资流向也可能预示着哪些领域将会获得较好的投资收益。另外宽松的财政政策会促进较宽松的金融政策，使投资者能较方便地获得信贷资金，增加全社会的投资资金，同时该种政策也会促进社会消费的增长，间接地为投资创造有利的环境。

（五）货币政策

货币政策其实是一个国家财政政策的重要组成部分，并与其关系紧密，它是调整国家一定时期货币供给量的基本策略。宽松的货币政策将适当增加货币发行量，而紧缩的货币政策会减少一定时期的货币发行量。同时，货币发行量的变化也会引起市场利率的变动，一般降低利率可能意味着实行宽松的货币政策，而提高利率则可能紧随其后的是较严格的货币政策。采用何种货币政策，主要取决于当时的经济运行状况和宏观经济管理的目的。当然，不同的货币政策对投资决策和投资管理的影响是不同的，有时相同的货币政策对于不同的投资事项的影响或影响程度都是不同的。如通过利率升降来实施的货币政策，在其新货币政策实施时，它对实业投资的影响就大于对金融投资的影响，而从长期来看，新货币政策对金融投资的影响可能会大于对实业投资的影响。这是因为实业投资和金融投资在投资资本取得的渠道、方式、难易程度和贷款期限等方面是不同的，受市场利率变化及货币政策的影响程度和承受能力有明显差别。另外，在不同的货币政策实施过程中，国家的金融管理政策也会对投资产生相关性影响。如公开市场操作对金融投资特别是证券市场投资的影响较为显著，如中央银行直接从市场上购入或卖出证券，将会直接改变市场上证券的供需关系和货币状态，但这些对实业投资的影响往往是较小的。

（六）利率

利率的调整和变化对投资市场具有重要的影响。利率作为一种经济杠杆手段，其实也是国家一定时期财政政策和货币政策的重要组成部分，它主要服务于政策所需完成的现实目标。利率的调控手段有三种主要形式：一是在经济过热时，为了抑制通货膨胀，适度提高利率；二是在经济低迷时，为了刺激投资和消费，促进经济发展，要降低利率水平：三是制定特殊经济事项和特殊行业等的优惠利率和差别利率等。利率对投资的影响是多方面的，有的是直接体现的，而有的则是间接的甚至要较长一段时期才能表现出来。如利率变动对当期投资成本的影响是直接的，一般讲降息会促进投资，而提高利率则会制约投资。而利率变动对未来投资收益的影响则是要在一个较长的时期后才能反映出来。但利率的变化对投资的影响因素往往是多元化的，并不是单一因素那么简单。如某项利率政策的变化，可能对现实投资是有利的，但对于长远投资并不一定有利。同样，有时利率变化了，可能对降低投资成本是有利的，但对期望获取较高的投资收益并不一定是有利因素。

另外，利率变化对实业投资和金融投资的影响是不一样的，如降低利率对证券投资具有短期明显的刺激作用，但从长期来看它对实业投资的影响将更为重要。同时掌握利率周期性波动的规律，对其未来走势有一个科学和正确的预测，这对做出正确的投资决策，合理安排好投资期限，正确测定必要的投资收益率等都是至关重要的。

（七）税率

税率同样是财政政策的重要操作工具，所以人们也称其为重要的经济杠杆，同时税率也是影响投资的重要宏观经济因素之一。从总的方面来讲，税率提高将不利于投资的增长，降低税率将有利于促进投资增长。一般从财政状况来看，当经济周期处于收缩阶段时，一般会适度降低税率，以期刺激投资和经济的增长，当经济处于扩张性繁荣或过热状态时，宏观上会必要地提高税率，来抑制经济和投资的过分增长。所以，税率变动对投资的影响主要是通过对未来投资收益的调整来实现的。提高税率意味着投资利润将有所下降；相反，降低税率就会促使未来投资利润上升。

税率的影响从国际资本转移角度来看，是明显的，甚至是长久的，如某国长期税率较高，就很难吸引大量国际投资人，并可能会促使国内资本流出。但对国内固有的投资资本来讲，税率变动对投资的影响并非是长久的，因为税率的变动在造成投资收益变动的同时，也会使投资成本发生同向的变化，会增强投资者对低投资收入的承受能力。如果国家采取必要的和有效的优惠税率和差别税率政策，鼓励重点发展的投资项目，税率作为经济杠杆作用就能充分地得以体现。

另外要注意的是，一般税率是比较稳定的，不会在短期内有急剧的大幅度波动，而值得充分关注的是税率结构的变化和调整，这种调整从很大意义上表现为国家宏观经济政策的变化和产业结构政策的发展，它可能不仅仅体现在税率变化上，还可能体现在财政让利、优惠信贷等多种宏观经济手段上，会对投资业务产生根本性影响。所以，对于税率波动对投资影响问题的研究，不能仅仅停留在表面，而要加强对税率变化的趋势、目的和规律的研究。

（八）产业结构

一定时期社会经济发展的产业结构，可以讲是国家宏观产业政策对投资影响的具体表现，产业结构也是决定一定时期整个国民经济效益的最基本的经济联系。产业结构包含多层次和多方面的内容，如产值结构、资本结构、行业结构和就业结构等。一定时期国家的产业结构能否充分发挥其合理资源配置和资源转化的功能，从整体上就决定了一国经济的投资规模。在产出目标既定的前提下，产业结构运行机制的状态越好，全社会所需的投资总额就越少。

产业结构内在的经济关联度主要是从投资的效率上反作用于投资。在投资决策中，有必要细致研究长短线产业的关系，因为国家为了保证产业结构投入与产出之间的比例均衡和前后衔接关系，必然要对其做合理的结构安排。这里讲的长线是产出大于需求的产业或产品，而短线是指产出小于需求的产业或产品。显然抓住短线产业投资，不但投资风险小，收益稳定，而且预期投资收益也较大。但产业政策是国家制定的，它是发展的和多变的，以前是扶持性或鼓励性产业，目前就可能成为限制性产业，经济形势发展得越快，那么社会宏观产业结构的调整也就会变化得越快。

因此，正确把握国家的宏观产业结构的决策和发展方向，注重经济大环境问题的研究，对于投资决策来讲是必不可少的，因为如果在产业结构发展方向上判断错了，将会直接导致投资决策的失误和投资的失败。同时，宏观产业政策又必然与各种政府的优惠政策和限制政策紧密相连，往往由于没有正确把握投资方向，最终是一着出错满盘皆输，而这种失误是很难通过以后的经营来弥补的。

二、经济周期的四个阶段及特点

经济周期也称商业周期、景气循环，经济周期一般是指经济活动沿着经济发展的总体趋势所经历的有规律的扩张和收缩。是国民总产出、总收入和总就业的波动，是国民收入或总体经济活动扩张与紧缩的交替或周期性波动变化。

过去把它分为繁荣、衰退、萧条和复苏四个阶段，表现在图形上叫衰退、谷底、扩张和顶峰更为形象，也是现在普遍使用的名称，如图 4-1 所示。

衰退阶段出现在经济周期高峰过去后，经济开始滑坡，由于需求的萎缩，供给大大超过需求，价格迅速下跌。

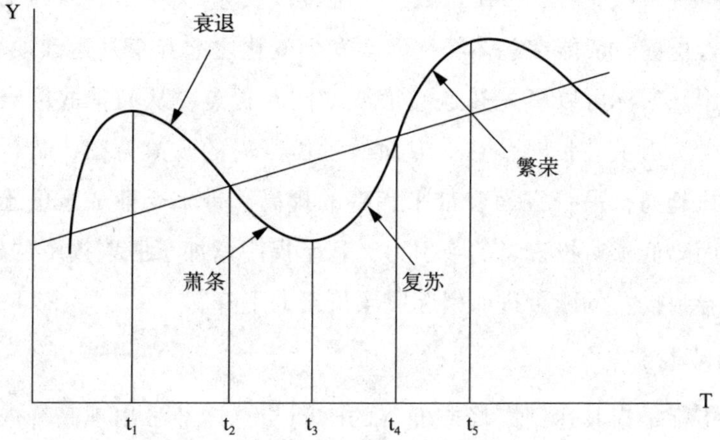

图 4-1　经济周期的四个阶段划分

复苏阶段开始时是前一周期的最低点，产出和价格均处于最低水平。随着经济的复苏，生产的恢复和需求的增长，价格也开始逐步回升。

繁荣阶段是经济周期的高峰阶段，由于投资需求和消费需求的不断扩张超过了产出的增长，刺激价格迅速上涨到较高水平。

萧条阶段是经济周期的谷底，供给和需求均处于较低水平，价格停止下跌，处于低水平上。在整个经济周期演化过程中，价格波动略滞后于经济波动。

作为投资者，特别是以基本面分析为主的投资者，必须关注经济基本面的变化，经济周期的变化会影响投资品种的选择，同一个投资品种在不同的经济周期的收益率会有巨大差别。

三、判断经济周期的指标

（一）经济周期变化过程的三类指标

1. 先行指标

先行指标是指预示未来月份经济状况和可能出现的商业周期性变化，并为分析者提供利率趋势变化早期迹象的市场指标。这些指标的高峰和低谷顺次出现在经济周期的高峰和低谷之前，因此对将来的经济状况有预示作用。

先行指标有货币供应量、PMI 指数、土地的成交量、10 年期债券的收益率曲线等。先行指标一般能在总体经济活动发生变化之前 6 个月达到顶峰和谷底。投资者采用该指标可以事先知道经济波动的转折点，从而采取恰当的投资策略。如减少货币供应量时，它一方面显示了当局的政策意图，暗含着目前经济中的过热趋向；另一方面会带来利率的提高，带来企业成本的上升，减少盈利，从而降低了对投资者的吸引力，利率提高增加了股票投资的机会成本，因而必然导致投资的减少进而引起股票价格的下降。

2. 同步指标

同步指标是指其达到高峰或低谷的时间与总体经济出现高峰或低谷的时间大致相同的指标。同步指标可描述总体经济的运行轨迹，确定总体经济运行的高峰或低谷位置。它是分析现实经济运行态势的重要指标。同步指标的变动时间与一般经济情况基本一致，可以显示经济发展的总趋势，并确定或否定先行指标预示的经济发展趋势。主要的经济同步指标有国内生产总值、工业总产值、社会消费品零售总额等。

3. 滞后指标

滞后指标是指相对于国民经济周期波动，在时间上落后于经济周期波动阶段的指标。此类指标的变化一般滞后于国民经济的变化，有助于验证先行指标所表示的经济趋向是否真实，如失业率、库存量、银行未收回贷款规模、全民固定资产投资、商业贷款、财政收支、零售物价总指数、消费品价格指数、集市贸易价格指数等。

在二级市场投资的过程当中，我们会经常性地参考先行指标，因为一般情况下，股市会提前半年到九个月反映实体经济的运行状况，显然当同步指标已经显示经济运行发生变化的时候，股票市场已经走出很远一段距离了，上涨或者下跌了很长一段，同步指标就显得没有意义了，滞后指标就更加没有参考价值了，同步指标可以用来验证先行指标的正确与否，滞后指标也只能起到验证作用，但已经是事后的验证了。

（二）判断经济周期底部的指标

判断经济周期的底部，一般情况下会参考以下几个指标：PMI、货币供应量、国债收益率曲线、土地成交量、消费者信心指数等。

1. PMI 指数

PMI 指数的英文全称为 Purchasing Managers' Index，中文含义为采购经理人指数，是通过对采购经理的月度调查汇总出来的指数，反映了经济的变化趋势。PMI 是一套月度发布的、综合性的经济监测指标体系，分为制造业 PMI、服务业 PMI，也有一些国家建立了建筑业 PMI。PMI 指数 50 为荣枯分水线。

制造业 PMI 起源于 20 世纪 30 年代的美国，经过几十年的发展，该体系现包含新订单、产量、雇员、供应商配送、库存、价格、积压订单、新出口订单、进口等商业活动指标。

以上各项指标指数基于对样本企业采购经理的月度问卷调查所得数据合成得出，再对生产、新订单、雇员、供应商配送与库存五项指标加权计算得到制造业 PMI 综合指数。

服务业 PMI 指标体系则包括商业活动、投入品价格指数、费用水平、雇员、未来商业活动预期等指数，但因其建立时间不长，尚未形成综合指数。

PMI 指数具有以下特点：

（1）及时性与先导性

PMI 指数是经济监测的先行指标。由于采取快速、简便的调查方法，每月发布一次，在时间上大大早于其他官方数据。在 PMI 基础之上发布的商务报告，是所有宏观经济序列数据中滞后期最短的报告之一。

（2）综合性与指导性

PMI 是一个综合的指数体系，尽管指标不多，但涵盖了经济活动的多个方面，如新订单、新出口订单、进口、生产、供应商配送、库存、雇员、价格等，其综合指数反映了经济总体情况和总的变化趋势，而各项指标又反映了企业供应与采购活动的各个侧面，尤其是 PMI 中一些特有的指标是其他统计指标中所缺少的，如订货提前期与供应商配送时间等，有助于详细分析行业发展走势的成因，为国家宏观经济调控和指导企业经营提供了重要依据。

（3）真实性与可靠性

PMI问卷调查直接针对采购与供应经理，取得的原始数据不做任何修改，直接汇总并采用科学方法统计、计算，保证了数据来源的真实性。同时进行季节性调整，减少季节性波动、法规制度和法定假日等因素变化所造成的影响，因此具有很高的可靠性。

（4）科学性与合理性

样本选择涵盖了不同行业，按照各行业对GDP贡献大小选取一定数量的企业，贡献大的行业样本多，反之，贡献小的行业样本少；其次考虑地理分布，样本企业要具有足够的地域代表性；最后还考虑企业规模，不同规模的企业均有代表性。这样，可以减少随机波动带来的误差。在首次抽样选择之后，样本基本确定下来，但每年度或每半年要对样本进行抽查，根据企业、采购经理发生的变化，予以及时调整。

（5）简单易行

PMI问卷调查是非定量调查，数据采集和加工简单易行，保证了其作为预测工具的连续性、及时性和可靠性。问卷对每个指标都有明确解释。问卷还列出了几个开放性问题，包括采购策略、价格升高与降低的原材料与短缺品种等，为研究应用提供了更为具体的信息。

PMI是一个综合指数，由5个扩散指数加权而成，即产品订货（简称订单）、生产量（简称生产）、生产经营人员（简称雇员）、供应商配送时间（简称配送）、主要原材料库存（简称存货）。这5个指数是依据其对经济的先行影响程度而定，各指数的权重分别是：订单30%，生产25%，雇员20%，配送15%，存货10%。计算公式如下：

$$\text{PMI}=\text{订单}\times30\%+\text{生产}\times25\%+\text{雇员}\times20\%+\text{配送}\times15\%+\text{存货}\times10\%$$

PMI是政府部门调控、金融机构与投资企业决策的重要依据，它是一个先行的指标。根据美国专家的分析，PMI指数与GDP具有高度相关性，且其转折点往往领先于GDP几个月。在过去40多年里，美国制造业PMI的峰值可领先商业高潮六个月以上，领先商业低潮也有数月。

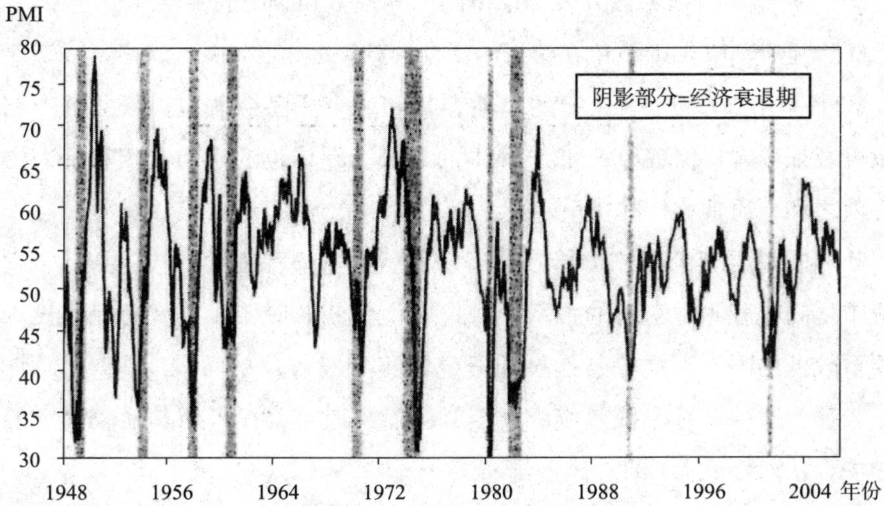

图 4-2 PMI 与经济衰退期

资料来源：美国供应管理协会，美国国家经济研究局。

因而监控 PMI 指标能够比较好地预判未来几个月的经济发展趋势，能够为我们的投资提供比较好的决策依据。美联储前主席格林斯潘在一次会议上被记者问道："当把你放到荒岛上，同时你还要调控美国的经济，你需要什么？"格林斯潘回答："PMI。"足见格林斯潘对 PMI 指标的重视程度。

2. 货币供应量

随着股票市场的发展，股票市场对我国社会经济生活各个层面的影响越来越大，货币供应量对股票市场有重要影响，股票市场对货币供应量和货币政策也有一定影响。货币政策应关注股市价格波动，减少股市价格波动对货币政策有效性的冲击。由于我国是新兴的股票市场，其股价在很大程度上由股票的供求关系决定，即由一定时期内股票的总量和资金总量的对比决定。货币供应量对股市运行有很大的影响，每年新增的 M0（M1）增减方向与股市涨跌方向基本同步。投资者对股价的预期，也就是投资者的信心，当宏观经济趋势较好时，股市投资者预期企业效益和自身的收入水平会上升，股票市场自然人气旺盛，从而推动市场平均价格走高；反之，则会令股市投资者对股票市场的信心下降。

M0：是指银行体系以外各个单位的库存现金和居民的手持现金之和。

M1：是指 M0 加上单位在银行的活期存款。

M2：是指 M1 加上在银行的定期存款和城乡居民个人在银行的各项储蓄存款以及证券客户保证金。M2 与 M1 的差额，即单位的定期存款和个人的储蓄存款之和，通常称作准货币。

M1 和 M2 是经常用来分析宏观经济中货币宽松程度和趋势的指标，它们与股市之间有着非常密切的关系。如果股市赚钱效应明显，就会促使投资者将收益较低的固定存款等其他投资资金转移到股市，从而增加 M1 的总体数量。相反，股市没有赚钱效应，资金就会撤离股市，投入到其他较固定的资产中去，从而降低 M1 的总体数量。

因此，M1 与股市的发展变化趋势应该是正相关关系，不像 CPI 指标的波动滞后于股市的变化，而是提前反映宏观经济形势，与股市的变化是同步或略有提前的。

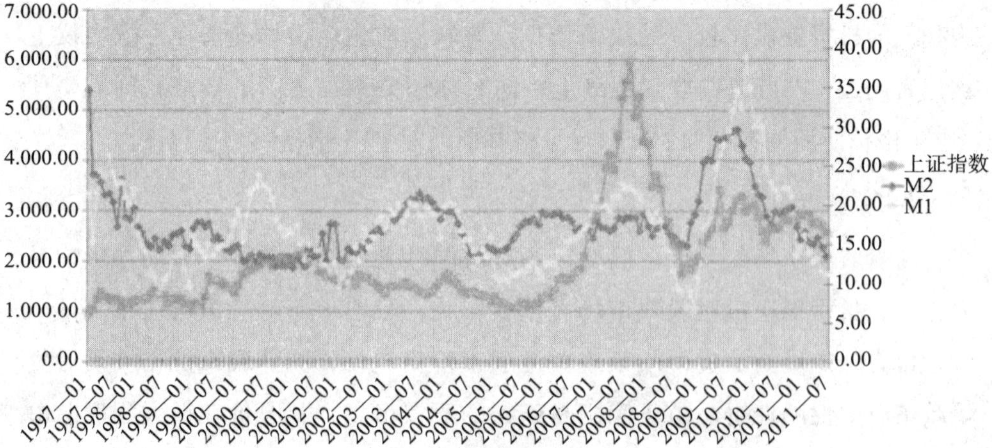

图 4-3　M1、M2（增速）与上证指数

从上图中我们也能够看到，M1、M2 的增长速度，与上证指数的同步关系还是相当明显的，这也说明货币供应量的变化对于股市波动的影响还是很显著的。

3. 国债收益率曲线

在美国等市场经济发达的国家，国债市场收益率事实上已成为金融市场的基准利率，并成为投资者判断市场趋势的风向标。其作为基准利率的最大优势在于期限的多样性，由各种期限国债交易所形成的利率能形成一条完整的收益率曲线。

典型的美国国债收益率曲线是由到期时间从 1 个月到 30 年的点组成的。根据美国 1970—1997 年间的国债收益率曲线与经济周期关系的分析发现，美国国债收益率曲线的不同形态反映了宏观经济周期的运行情况。在大部分情况下，当美国国债收益率曲线表现出短期利率高于长期利率时，说明美国经济即将进入衰退和萧条阶段；反之，当美国国债收益率曲线表现出长期利率与短期利率之间的利差由负值逐渐趋向于零，或者长期利率与短期利率之间的利差日益扩大时，说明美国经济即将进入复苏和繁荣阶段。

总体来说，长短期国债之间的利差关系变化体现在国债收益率曲线上，使国债收益率曲线表现出各自不同的形态，在一定程度上预示了宏观经济发展周期的变化趋势。由此可见，国债收益率曲线不但可以作为判断和反映市场对未来利率走势、未来经济增长和通货膨胀率趋势预期的工具，而且可以成为货币当局选择货币政策措施的有力依据。

宏观经济的发展也会使收益率曲线发生变化。当经济增长时，收益率曲线呈现陡峭态势；而当经济衰退或下滑时，收益率曲线呈现趋平态势。作为市场利率的基准，美国国债收益率曲线成为美国经济增长的风向标。

同时管理机构可以通过一些具体措施，来改变基准收益率的形状，为经济发展服务。例如 2012 年美国经济复苏势头不稳，就业引擎也日渐乏力，美联储于 6 月 20 日结束了为期两天的货币政策例会，宣布将原定于 6 月底到期的“扭曲操作”延期至 2012 年底，在不扩张资产负债表的前提下，卖出 3 年期及以下的短期国债 2670 亿美元，同时购买 6～30 年期限的长期国债，并将机构债和机构 MBS 到期收益用于再投资。美联储的这一政策措施称为“扭曲操作”（Operation Twist），扭曲操作的目的是压低较长期利率，从而刺激抵押贷款持有人进行再融资，降低借贷成本，刺激经济增长。具体来说，卖出短期国债，将导致短期国债价格下跌，短期资金市场供给紧张，短期资金收益率上升。而买入长期国债，将使长期国债价格上升，长期金融市场资金充裕，国债长期收益率下降。通过这一操作，将短期利率提高，同时压低长期利率，相当于对收益率曲线进行一次“扭曲”。

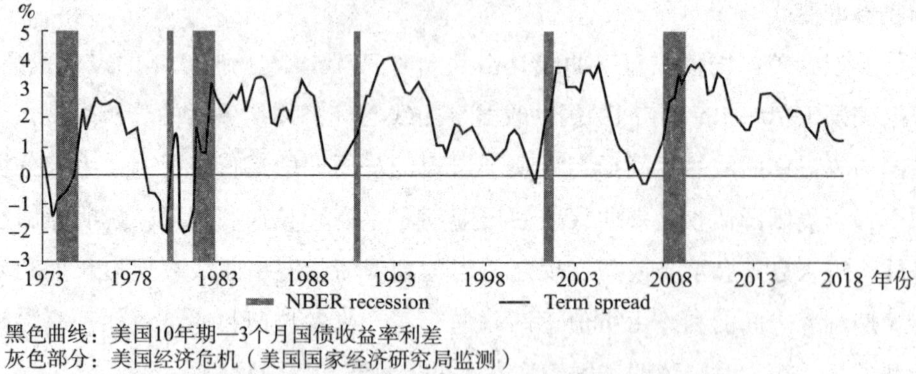

图 4-4　美国 10 年期—3 个月期国债收益率利差与经济衰退的关系

投资者如果对近期的经济发展没有信心，认为短期投资面临的风险上升，就要求得到更高的回报率，短期国债收益率走高。与此同时，投资者也可能抛售短期国债转而购买安全性相对较高的长期国债。短期国债收益率走高而长期国债收益率下滑，国债收益率曲线就会逐渐趋平甚至出现倒挂。

4. 土地成交量

土地是人类赖以生产和生存的基本资源和环境，是一切社会生产经营活动的必需载体和城市社会经济发展的必要基础，它历来被称为财富之母。土地供给对于经济增长的意义在于，土地不仅作为“资源”“场所”发挥生产功能，更作为一种“资产”“财产”来发挥其功能。由于土地资源的存量是固定的，随着土地等不可再生自然资源的大量耗费，人们已认识到土地的固定供给将成为我们的生产能力的一种严格约束。土地的限制将成为“增长阻力”（Growth Drag），即资源与土地的约束引致每个工人平均的资源利用量与土地利用量下降从而减少增长。根据诺德豪斯（Nordhaus）的观察与计算，因土地有限供给所形成的增长阻力每年大约为 1/4 个百分点（D. Romer，2001）。

中国土地制度不同于西方国家，所以土地供给的调控对经济的影响更大。我国相关法规规定了国有土地供给制度的基本法律框架。宪法规定，我国土地是公有制的，国家所有和农村集体所有是两种基本形式。城市的土地属于国家所有，土地的所有权由国务院代表国家行使；农村和城市郊区的土地除由法律规定属于国家所有的以外属于集体所有。在经济发展过程中，城市建设必须通过征地才能将农村集体所有的土地转为国有土地。征地成为农村集体土地转为国有土地、扩大城市土地供给的唯一途径。

在现代经济发展中，城市经济是一个国家或地区经济发展的核心。城市规模的扩张，城市经济的发展都要有相应的土地供给作为保障。因此，土地供给对经济周期的影响更主要体现在城市的土地供给上。从地域上看，城市土地有三个层次，第一层次是城市市区（建成区）的土地，即城市建设用地；第二层次是城市规划区内的土地，目前大部分仍为农副业生产和村镇占用的土地；第三层次是城市行政区的土地，包括城市规划区和城郊土地。从城市土地的供给角度看，有两方面的含义：一是城市土地的自然供给，即天生的可供人类利用的各类土地资源的数量总和；二是城市土地的经济供给，即在自然供给的基础上，投入劳动进行开发以后，成为人类可直接用于生产、生活的土地供给。城市土地的经济供给是有弹性的，决定土地经济供给量因素主要有土地价格、税收等政府政策、土地利用计划和规划等；城市土地需求是一种引致需求，包括因经济增长与人口聚集引起土地需求总量增加和因社会经济发展以及产业结构调整引起土地需求结构变化这两个方面。

从过去 20 多年的经验来看土地收入已经成了地方政府财政的最重要来源，当土地成交低迷的时候，也是地方政府财政最困难的时候，也就是经济政策最有可能发生改变的时候。

我国每年增加的建设用地，可分为国家建设用地与集体建设用地两大类，前者包括城市建设用地、建制镇用地、独立工矿用地、铁路用地、公路用地、水利工程用地及其他用地几类，后者包括农村道路用地、农田水利用地、乡镇企业用地、集体独立工矿用地、农村个人建设用地等。虽然城市建设用地每年只是新增建设用地的一小部分，但城市土地具有较强的社会性，承载着社会化程度较高的经济系统，而城市面积的扩大却能比较准确地反映城市土地供给净增加量，采用城市土地面积作为反映城市土地变动的变量与城市土地面积的变动显示，改革开放以来，我国城市土地供给的总体趋势是上升的，它还表明，城市土地面积波动与城市固定资产投资的波动是基本一致的，通过分析 1987—1990 年和 1999 年至今两个周期的城市土地面积增量与 GDP 波动情况，可以看出它们的变化是基本一致的，在 1991—1998 年这一周期中，土地新增面积的波谷与波峰变化与 GDP 增长的波动变化，在时间上大概超前两年，即 GDP 增长曲线相对土地供给增长曲线在时间上具有滞后性，表明我国经济周期变化与城市土地供给之间的内在联系。

5. 消费者信心指数

消费者信心指数是反映消费者信心强弱的指标，是综合反映并量化消费者对当前经济形势评价和对经济前景、收入水平、收入预期以及消费心理状态的主观感受，预测经济走势和消费趋向的一个先行指标，由消费者满意指数和消费者预期指数构成。前者指消费者对当前经济生活的评价；后者指消费者对未来经济生活发生变化的预期。它们分别由一些二级指标构成：对收入、生活质量、宏观经济、消费支出、就业状况、购买耐用消费品和储蓄的满意程度，对未来一年的预期及未来两年在购买住房及装修、购买汽车和未来 6 个月股市变化的预期。

20 世纪 40 年代，美国密歇根大学的调查研究中心为了研究消费需求对经济周期的影响，首先编制了消费者信心指数，随后欧洲一些国家也先后开始建立和编制消费者信心指数。

1997 年 12 月，中国国家统计局开始编制中国消费者信心指数。北京作为首都，在广泛借鉴国内外经验的基础上，于 2002 年初，在省市一级率先建立了消费者信心指数调查制度。2002 年第四季度，北京市统计局正式向社会发布“北京消费者信心指数”，并确定了今后按季度调查发布的制度。

该指数通过对城市消费者进行问卷调查，由国家统计局中国经济景气监测中心负责调查统计，以 1997 年底为基期，动态反映消费者信心指数的变化。指数数值越高，表明消费者信心越强。股市投资人偏好向上增长的消费者信心指数，因为其代表着消费者有较强的消费商品与服务的意愿，有利于经济扩张。债市投资人则偏好向下减少的消费者信心指数，因为其代表着消费意愿不强，经济趋缓的可能性提高。美元汇率通常从美联储寻求暗示，若消费者信心上升，则意味着消费增长，经济走强，美联储可能会提高利率，美元就会相应走强。

由于具体计算方法不同，指数的取值有两种：一是取值在0~200之间，100是中值，表明消费者的信心（或情绪）是一种中立态度。0表明极端悲观情绪，200反映的则是极度乐观情绪；二是取值在0~100之间，50是中值，100反映的则是极度乐观情绪。美国会议委员会发布的美国消费者信心指数属于第一种取值形式。

消费者信心指数的回升有如下特点：如果消费者信心指数一直呈攀升态势，说明消费者对家庭经济收入的预期较为稳定，对总体经济前景的信心得到了进一步强化。股票市场的涨跌，有相当一部分是取决于投资者的信心，只有投资者信心恢复，才会导致个股普遍上涨。

（三）判断经济周期顶部的指标

经济过热指市场供给发展的速度与市场需求发展速度不成比例。经济过热可以分为消费推动型经济过热和投资推动型经济过热。由于居民消费旺盛而导致的经济过热称为消费推动型经济过热；投资推动型经济过热，亦即过度投资，它包含两方面的意思：

一是投资项目完工后，生产的产品没有预期的市场需求，产品大量堆积，资金无法收回，导致生产资料的严重浪费。在这个层面上的过度指的是投资相对市场需求过度。

二是投资规模铺得过大，以至于超过了财力负担能力，使得投资不能按预定计划完成，无法形成预期的生产能力。这个层面上的过度是投资规模相对于财力负担的过度。

经济过热的具体表现：固定资产投资增长速度连续几年明显快于GDP的增长速度。能源原材料供应紧张，价格上涨太快，产能过剩，产品积压。

资源环境压力增大，安全生产事故时有发生。经济增长所带来的资源消耗高、浪费等问题，加剧了环境保护的压力，也是经济过热在一个方面的重要表现。实体经济的严重过热，必然会导致股票市场的严重过热，在二级市场，判断市场是否严重过热，我们一般会使用以下几个指标：

1. 产能利用率

产能利用率是衡量一个国家的制造部门在生产创造过程中，在多大程度上对国内产能进行了利用。从数值形式上讲，产能利用率就是工业生产指标与总体产能指标之间的比值。或者说产能利用，也叫设备利用率，是工业总产出对生产设备的比率，简单理解，就是实际生产能力到底有多少在运转发挥生产作用。通常产能利用率低（78%以下）意味着国民经济即将进入衰退期，或者已经处于衰退期。每当繁荣时，即产能利用率达到或接近 90%的水平，意味着国民经济即将进入繁荣期，或者已经处于繁荣期。

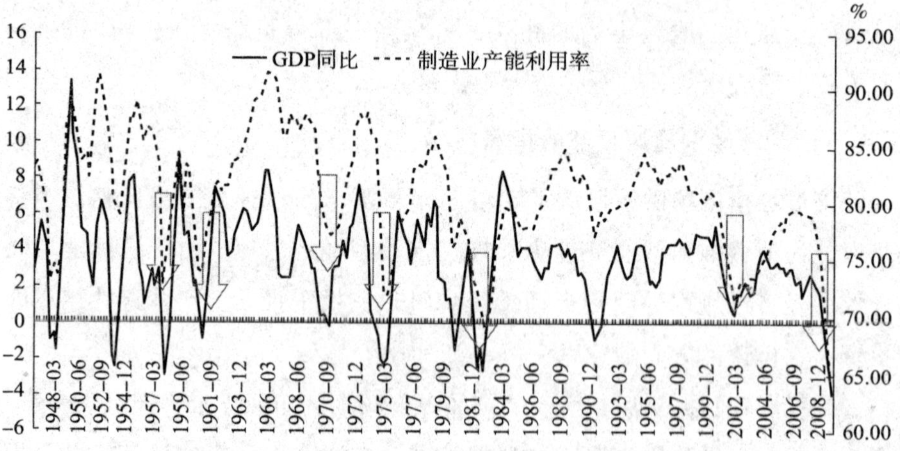

图 4–5　美国 GDP 同比与制造业产能利用率

由于我国没有直接公布的产能利用率数据，所以需要寻找一些替代指标和方法。在这里我们采用固定资产周转率来推算产能利用率水平。固定资产周转率代表着会计期内单位固定资产生产产品的价值，如果能剔除价格因素，也就可以表示产能利用水平。

产能利用率与 GDP 具有较为稳定的关系，在产能利用率从底部上升阶段初期，GDP 增速较快；产能利用率下降阶段，GDP 增速下降较快。

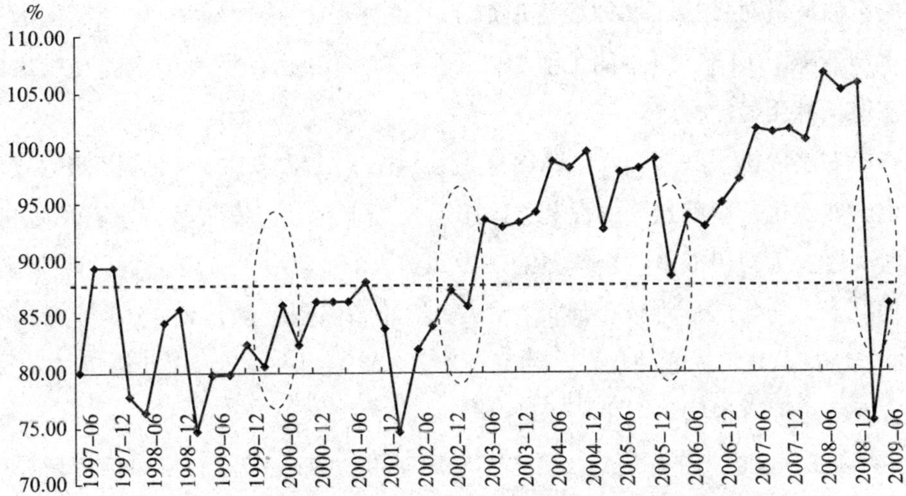

图 4-6 制造业产能利用率（设 1997 年 6 月为 80%）

数据来源：国泰君安证券销售交易总部。

2. PMI 指数

50 是 PMI 的一个分水岭。50 以上即意味着制造业处于扩张状态，50 以下意味着制造业处于紧缩状态，一般来说当处于 40 以下的时候，基本上可以认为是低位，当然极端情况也有可能会达到 28。当 PMI 在 60 以上时，意味着经济过热，有回落的风险。

3. 固定收益市场

固定收益市场主要指大宗商品收益，最主要的是石油。人们常说石油是工业的血液，对于石油进口较多的国家，如果没有石油战略储备，那么一旦石油进口中断，在缺乏石油供应的地区必然会对各行各业产生灾难性打击，交通瘫痪，生产停滞。经济的持续发展需要能源不断供给来保证。目前，石油在世界能源结构中所占的比重约为 40%，在可预见的将来仍是最主要的能源。

从世界范围内来说，共发生过三次石油危机：

第一次危机（1973 年）：1973 年 10 月第四次中东战争爆发，为打击以色列及其支持者，石油输出国组织的阿拉伯成员国当年 12 月宣布收回石油标价权，并将其原油价格从每桶 3.011 美元提高到 10.651 美元，使油价猛然上涨了两倍多，从而触发了第二次世界大战之后最严重的全球经济危机。持续三年的石油危机对发达国家的经济造成了严重冲击。在这场危机中，美国的工业生产下降了14%，日本的工业生产下降了20%以上，所有的工业化国家的经济增长都明显放慢。

第二次危机（1978年）：1978年底，世界第二大石油出口国伊朗的政局发生剧烈变化，伊朗亲美的温和派国王巴列维下台，引发了第二次石油危机。此时又爆发了两伊战争，全球石油产量受到影响，从每天580万桶骤降到100万桶以下。随着产量剧减，油价在1979年开始暴涨，从每桶13美元猛增至1980年的34美元。这种状态持续了半年多，此次危机成为20世纪70年代末西方经济全面衰退的一个主要原因。

第三次危机（1990年）：1990年8月初伊拉克攻占科威特以后，伊拉克遭受国际经济制裁，使得伊拉克的原油供应中断，国际油价因而急升至每桶42美元的高点。美国、英国经济加速陷入衰退，全球GDP增长率在1991年跌破2%。国际能源机构启动了紧急计划，每天将250万桶的储备原油投放进市场，以沙特阿拉伯为首的欧佩克也迅速增加产量，很快稳定了世界石油价格。

世界银行行长沃尔芬森指出，国际市场原油价格每上涨10美元/桶并持续一年，世界经济增长率就会减少0.5个百分点，其中发展中国家减少0.75个百分点。

国际油价上涨对我国经济的影响表现为直接影响和间接影响两个方面：直接影响表现为外汇支出增加、净出口减少，进而降低GDP增长率，并拉动物价上涨。间接影响主要表现为产品出口面临着下降的潜在危险：一是以石油为主要燃料、原料的产品，因生产成本上升导致产品竞争力下降，从而使出口面临下降的潜在危险。二是出口对象国因油价上涨使国际收支出现困难，进而降低其进口能力。

每一次石油价格的大幅上涨都会带来全球经济的大幅衰退，距今最近的一次为2008年，国际原油价格曾经达到147美元/桶，随后带来的是全球经济危机，当然这次危机不完全由原油引起，但也与原油有一定的关系。

光大证券研究表明油价上涨对中国经济的间接影响不容忽视：油价上涨，除了直接带动交通与居住燃料价格，还将推升替代能源煤炭价格，同时会推升生物燃料玉米以及化肥价格，进而推升养殖成本。估算表明，油价上升

10%，国内煤价平均上涨3.4%，玉米期货价格大约上升1%~3%。油价的过快上涨终将导致整体经济增速放缓。

4. 房地产市场的状况

房地产是国民经济的重要组成部分，在经济体系中属于基础性和先导性的产业，房地产的发展，既要受到国民经济的制约，同时，又能促进或制约国民经济快速、协调、稳定增长。对于房地产周期与宏观经济的周期，可以从两个层面来分析。

首先，随着经济发展阶段地不断上升，房地产经济景气与宏观经济景气的相关度逐渐提高，一方面，房地产经济景气趋势与宏观经济趋势逐渐从早期的逆周期转变成正周期；另一方面，房地产经济震荡也随产业发展水平提高而逐渐从早期的大幅波动趋于稳定，在经济发展处于较低水平时，特别是房地产业因特殊原因滞后于宏观经济发展的时候，房地产经济周期与宏观经济之间可能会出现逆周期现象。

其次，从经济周期不同阶段的展开过程来分析，房地产周期作为宏观经济的重要组成部分，在扩张阶段，虽然晚于宏观经济进入复苏阶段，但其发展速度更快，故早于客观存在的宏观经济周期到达繁荣阶段，当宏观经济进入繁荣阶段时，房地产周期可能已经进入了衰退阶段，并且在收缩阶段持续的时间可能要长于宏观经济周期。

对于房地产经济周期与宏观经济周期的关系，可以进一步分析如下：

第一，宏观经济开始复苏后，房地产投资与开发也随之上升，但因物业开发的实质效应，使得房地产的复苏会略晚于宏观经济的复苏。

第二，房地产经济开始复苏后，在宏观经济持续增长的带动下，房地产需求不断上升，但由于房地产供给短期刚性，加上保值增值心理的作用，导致房地产价格全面上扬，与此同时，随着地产价格的上升，房地产开发商资产相应快速膨胀，在银行提供大量资金支持的情况下，经过投资的乘数作用，导致房地产市场快速上升，早于宏观经济周期进入繁荣阶段。

第三，由于房地产周期的繁荣更早来临，加之各行业之间相互消长的综合影响，房地产产业通常比宏观经济先期进入衰退阶段，即当宏观经济进入繁荣阶段，房地产经济已经出现了停滞乃至衰退。

房地产对我国经济的影响巨大，我们将第三产业中的房地产和第二产业中的建筑业定义为广义的房地产行业，在 GDP 中直接占比达 13%。通过 2012 年的投入产出表可以计算得到，广义房地产行业的 GDP 每增加 1 单位，将带动其他行业的 GDP 增加 1. 6 单位，如果据此计算的话，我国 1/3 的经济与房地产有关。根据测算，2016 年 6. 7%的 GDP 增长中有 2. 4 个百分点是由广义房地产行业拉动起来的，对 GDP 增长的贡献率高达 36%，而 2015 年贡献率仅为 25%。所以说 2016 年的 GDP 增长靠地产和基建并不夸张。

正是由于房地产的影响面足够广，因而关注房地产市场的价格与成交的数量能够比较好地判断宏观经济顶点的到来，每当房价快速大幅度上涨的时候，就意味着经济存在过热的风险。

四、不同经济周期的投资品种选择

根据经济循环周期来进行股票投资的策略选择如图 4-7：

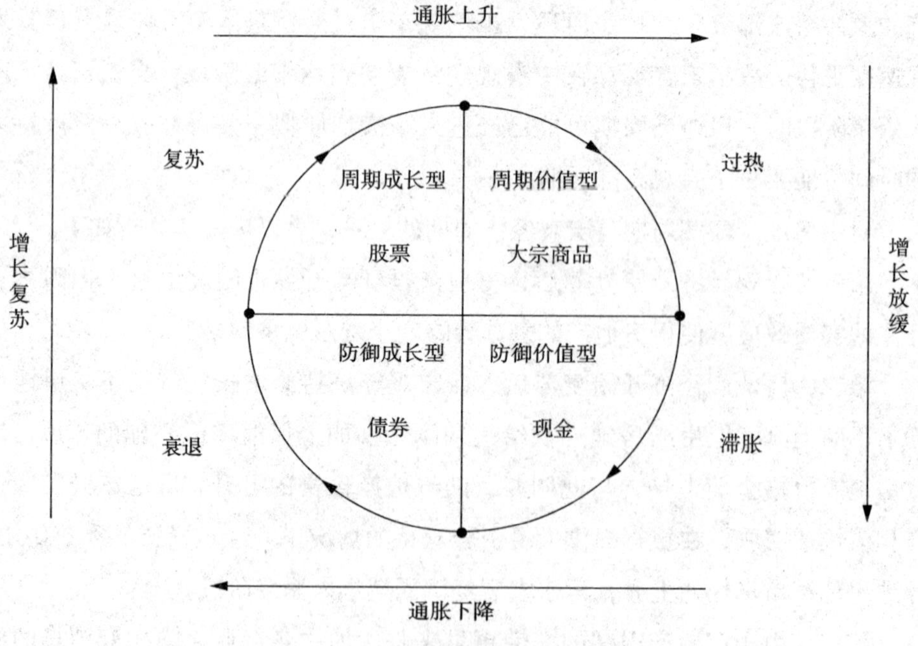

图 4-7　不同经济周期的投资品种选择

（一）衰退阶段

这不是一个好时机，经济增长停滞，大宗商品价格下跌，企业生产能力降低，大量失业，利率下降，收益率曲线急剧下行，居民消费预期降低，工业发展接近尾声，运输行业接近新的开始，股市中消费、信息等板块比较强，而金融行业比较弱，债券是最佳选择。

（二）复苏阶段

这个阶段经济开始回暖，消费者期望上涨，工业生产增长，企业盈利大幅上涨，央行政策宽松，通胀率继续下行，收益率曲线开始陡峭，在这个阶段工业处于起点附近，能源行业接近尾声。股市中金融、电信等行业比较强，而公共事业、能源等比较弱，股票是最佳选择。

（三）过热阶段

通胀率开始较快上升，收益率曲线扁平化，央行加息，消费者预期开始下降，工业生产平平，能源行业处于起点附近，股市中能源、原材料等比较强，而消费、金融等比较弱，服务行业接近尾声，大宗商品是最佳选择。

（四）滞胀阶段

经济增长下降，通胀还在上升，这个阶段消费者期望降低，工业生产下降，企业盈利下降，利率处于高点，收益率曲线比较平，甚至开始反转，股市中消费、通信等比较强，而金融、能源等比较弱，服务业处于起点附近，运输行业接近尾声，持有现金是最佳选择。

宏观经济当中的各个行业，对于经济周期的反应是有先后顺序的，有的早于总体经济见底，有的晚于总体经济见底，一般来说，化工、钢铁、建筑材料、交通运输、重型卡车等周期类行业及汽车、旅游娱乐和零售等可选消费类行业，这些行业业绩见底的时间早于整体市场，这是因为这些周期性行业对经济下行的敏感性更强，或者是对消费变动的反应弹性更大，因而这些行业的股价往往也会在本轮股市周期下行阶段先行下跌，在下一轮股市周期开始的时候也会先行反弹，所以这些行业的股价在全市场业绩谷底出现前的几个季度超越大盘，这主要是由于此类行业的业绩增速较全市场业绩增速提前见底，预期提前好转带来的估值改善所致。这些行业属于先进先出的行业，先于经济周期的见底而买入，先于经济周期的见顶而卖出。

食品饮料和制药等稳定性行业业绩见底基本与整体市场同步，原因在于这些行业业绩受经济周期的影响不大，而且它们业绩的波动要小于其他行业，这些行业的全市场业绩下行初期有一定的防御性，但在全市场业绩周期底部则没有明显的超额收益，这些是弱周期的行业，没有明显的波动性，属于可以长期持有的类型。

银行和煤炭行业的业绩见底通常情况下要晚于整体市场，这可能是由于只有当其他行业的需求下来以后才能逐步传导到金融和煤炭这类行业，银行股和煤炭股在全市场业绩下行初期还有比较好的表现，因为其他行业的业绩下来前，它们的业绩还较为坚挺，这也是经济下行初期具有防御性的原因，银行股的超额收益，随着全市场业绩底部的临近而逐步收缩，而煤炭股具有类似的特征，只不过超额收益衰竭的速度和幅度比银行股更为明显，这些行业是属于后周期类的行业，行业的反应速度要慢于总体经济周期，是在经济周期低点过后，这些行业才进入低点，在经济周期高点过后，这些行业才进入高点。行业性投资时，要清楚自己选择的行业在经济周期当中的位置，是属于先进先出，还是没有周期性或者是后进后出，根据经济总体周期的判断进行适当操作，这样才能知道自己投资的行业在总体经济当中的位置。

五、宏观分析对于股票投资的意义

（一）把握证券市场的总体变动趋势

在证券投资领域中，宏观经济分析非常重要，只有把握住经济发展的大方向，才能把握证券市场的总体变动趋势，做出正确的长期决策；只有密切关注宏观经济因素的变化，尤其是产业政策、货币政策和财政政策因素的变化，才能抓住证券投资的市场时机。

（二）判断整个证券市场的投资价值

证券市场的投资价值与国民经济整体素质、结构变动息息相关。这里的证券市场的投资价值是指整个市场的平均投资价值。从一定意义上说，整个证券市场的投资价值就是整个国民经济增长质量与速度的反映，因为不同部门、不同行业与成千上万的不同企业相互影响、互相制约，共同影响国民经济发展的速度和质量。宏观经济是个体经济的总和，因而企业的投资价值必然在宏观经济的总体中综合反映出来，所以，宏观经济分析是判断整个证券市场投资价值的关键。

（三）掌握宏观经济政策对证券市场的影响力度与方向

证券市场与国家宏观经济政策息息相关。在市场经济条件下，国家通过财政政策和货币政策来调节经济，或挤出泡沫，或促进经济增长，这些政策直接作用于企业，从而影响经济增长速度和企业效益，并进一步对证券市场产生影响。因此，证券投资必须认真分析宏观经济政策，掌握其对证券市场的影响力度与方向，以准确把握整个证券市场的运动趋势和各个证券品种的投资价值及变动方向。这无论是对投资者、投资对象，还是对证券业本身乃至整个国民经济的快速健康发展都具有非常重要的意义。

第五章　行业分析

一、行业分析概述

行业分析是基本面分析的另一个重要方面，它是连接宏观经济分析和上市企业分析的桥梁。行业分析的主要任务包括：解释行业所处的发展阶段及其在国民经济中的地位，分析影响行业发展的各种因素以及判断其对行业影响的力度，预测并引导行业的未来发展趋势，判断行业投资价值，揭示行业投资风险，从而为投资者提供决策依据或投资依据。

行业的兴衰昭示着这个行业在整个经济体系中地位的变迁。一般来说，每个行业都会经历幼稚期、成长期、成熟期和夕阳期的过程，这也是新技术产生、应用、推广、转移和落后的过程。

因此，投资在不同阶段的行业，其收益和风险也是不一样的。比如，投资传统行业，尤其是消费类的行业，技术和管理相对成熟，盈利比较稳定，风险相对较小；而投资一些新兴行业，由于技术、配套、下游产业等都还没有成熟，或者投资周期类的行业，盈利波动比较大，风险较高；新兴产业一旦进入成长期，则往往能够获得一个爆发式的盈利增长，投资收益会比较高。

行业分析在股票投资中起着重要的作用。首先，行业分析可为投资者提供详尽的行业投资背景。其次，行业分析有助于投资者确定行业投资重点。最后，行业分析还能帮助投资者选择投资企业和确定持股时间。

行业分析的主要任务包括：解释行业本身所处的发展阶段及其在国民经济中的地位，分析影响行业发展的各种因素以及判断对行业影响的力度，预测行业的未来发展趋势，判断行业投资价值，揭示行业投资风险，从而为投资者及其他机构提供决策依据或投资依据，分析上市企业所属的行业与股票价格变化关系的意义非常重大，它是宏观经济形势分析的具体化。我们在分析宏观经济形势时，根据国民生产总值等指标可以知道或预测某个时期整个宏观经济的状况，但是整个经济的状况与构成经济总体的各个行业的状况并非完全吻合。宏观经济分析主要分析社会经济的总体状况，没有对总体经济的各组成部分进行具体分析。宏观经济的发展水平和增长速度反映了各组成部分的平均水平和速度，但各个组成部分的发展却有很大的差别，并非都和总体水平相一致。实际上，总是有些行业的增长快于宏观经济的增长，而有些行业的增长慢于宏观经济的增长。当整个经济形势好时，只能说明大部分行业的形势较好。反之，经济整体形势恶化，则可能是大多数行业面临困境，行业分析作用是能够发现某些行业的发展仍然较好。分析宏观经济形势也不能知道某个行业的兴衰发展情况，不能反映产业结构的调整。例如 19 世纪前，美国的铁路处于兴盛时期，铁路股票炙手可热。但是在今天，约有一半以上的美国人没有坐过火车，铁路股票已不能引起人们的兴趣。相反，过去被人们冷落的高新技术产业如计算机、电信等行业的股票已是门庭若市。这些都说明只有进行行业分析，才能更明确地知道某个行业的具体发展状况及其所处行业生命周期的位置，并据此做出正确的投资决策。如果只进行宏观经济形势分析，那么顶多只能了解某个行业笼统的、模糊的轮廓。

另外，进行行业分析可以更好地进行企业分析。行业是由许多同类企业构成的群体。如果我们只进行企业分析，虽然也可以知道某个企业的经营背景和财务状况，但不能知道其他同类企业的状况，无法通过横向比较知道目前企业在同行业中的位置。而这在充满着高度竞争的现代经济中是非常重要的。行业所处生命周期的位置制约或决定着企业的生存和发展。汽车诞生以前，欧洲的马车制造业曾经是何等的辉煌，然而时至今日，连汽车业都已进入生命周期的稳定期。这说明如果某个行业已处于衰退期，则属于这个行业中的企业不管其资产多么雄厚，经营管理能力多么强，都不能摆脱其阴暗的前景，现在投资者在考虑新投资时，不能投资到那些快要没落和淘汰的夕阳行业，投资者在选择股票时，不能被眼前的景象所迷惑，而要分析和判断企业所属的行业是处于初创期、成长期还是稳定期或衰退期，绝对不能购买那些属于衰退期行业的股票。

行业分析是对上市企业进行分析的前提，也是连接宏观经济分析和上市企业分析的桥梁，行业分析作用是基本分析的重要环节。行业有自己特定的生命周期，处在生命周期不同发展阶段的行业，其投资价值也不一样，而在国民经济中具有不同地位的行业，其投资价值也不一样。行业分析作用企业的投资价值可能会由于所处行业不同而有明显差异。因此，行业是决定企业投资价值的重要因素之一。行业分析和企业分析是相辅相成的。一方面，上市企业的投资价值会因为所处行业的不同而产生差异；另一方面，同一行业内的上市企业也会千差万别。

二、行业前景对投资的重要作用

行业发展有其自己的生命周期和发展规律，要根据行业发展的不同阶段，制定更有针对性的投资策略。在整个生命周期里，需求和竞争这两股力量共同作用，推动行业不断向前发展，并在不同阶段形成一些具有规律性的特征。对于投资者来说，了解行业的发展周期和规律非常有用，可以帮助我们制定更有针对性的投资策略。

（一）初创阶段

当一项新的技术或新的需求出现，就可能催生一个新的行业，现在我们熟悉的许多行业都是这样诞生的。在初创阶段，行业中可能只有一家或几家企业容易抢到市场先机，竞争也不激烈，甚至说没有竞争对手，整个行业的市场份额全部由初创企业占据，但由于这个时候的需求还很有限，消费者接受程度还很低，实现的收入还难以支持企业的发展壮大，所以，这种相对很高的市场份额，实际意义并不大。事实上，处于这个阶段的企业羽翼未丰，要面对更多的风险，因为它的资金实力还不强，产品和技术还不完善，前期投入的巨大研发成本，在短期内还难以见到效果，任何一个失误或宏观经济状况的恶化都有可能导致企业在迎来曙光前就已经夭折了。正因为初创型企业的发展风险极大，一些通常的基本面分析和估值方法都不适用于这类企业，投资者很难做到对其科学把握。例如当年对于那些还未实现盈利的互联网企业，人们用注册用户数或浏览量来估值，即用所谓的“市盈率”方法，而这种方法本身就带有许多不确定性。对于这类初创型企业，如果投资者没有承担血本无归风险的能力，就不要介入。一般来说这个阶段的企业属于风险投资的范畴，当然科创板天花板以后，会有越来越多类似企业进入证券市场。

（二）高速增长阶段

初创型企业在经历一段时间的产品研发和完善以及市场需求培育后，如果证明其产品和服务确实顺应了市场发展的潮流，而且一定规模的市场雏形已经出现，消费者正越来越习惯和接受这些新的产品和服务，那么，就进入了最为靓丽的高速增长阶段。在高速增长阶段，企业的销售收入和利润快速提升，并且会持续数年以30%的速度增长，其增长率要远远高于其他成熟行业。更重要的是，投资者还能保持对这种高增长的预期，资金和资源源源不断地涌入这个行业，继续推动其做大市场规模。由于有明确的市场前景，在这个阶段竞争对手开始出现，产品和服务的价格开始大幅降低，但随着生产和销售规模扩大，成本和费用支出也相对降低，行业利润率还能保持相对稳定，销售收入和利润增长可以保持同步，行业及行业内企业呈现出良好的局面。目前处于高速增长阶段的企业更容易出现在高科技、生物制药、互联网等创造新需求的领域，这类企业的股票就是许多投资者喜爱的成长型股票，只要有适宜的内外部发展环境，它们就可以持续提供高于市场平均水平的投资回报，因此它们的估值也远远高于市场平均水平。此外，在有些传统行业里能够独辟蹊径的企业也能为投资者带来高增长回报，比如在最成熟的航空领域，一些低成本、价格低廉的航空企业，依靠自己独创的商业模式也实现了超越传统航空业的高速增长。但是，回报和风险总是相伴而生的，对于高速成长型的企业来说，各领风骚三五年是经常的事，所以投资成长型股票同样要承受许多不确定性风险，该类投资只适合于那些精力充沛、可以及时接受和消化新信息和风险承受力强的投资者。

（三）成熟阶段

其实，我们接触到的绝大多数行业都已处在成熟阶段，处于这个阶段的行业表现与整个宏观经济的表现趋于一致，已经很难实现业绩的快速增长。行业内的产品、服务以及市场需求都趋于稳定，各企业之间没有本质的区别。由于需求增长开始减缓，“蛋糕”已经成形，在这个阶段里，大家为争夺市场份额，竞争最为激烈，利润率开始明显下降。尽管没有了高增长，但处于这个阶段的企业股票还是能给投资者带来可观的投资回报，尤其是那些已经根基牢靠的行业龙头，内部良好的管理和外部的竞争优势已经确立，已经产生稳定的利润和现金流，分红派息也很慷慨，投资者对其发展前景和估值很有信心，预期判断的不确定性大大降低。此外，成熟行业的龙头企业由于家底殷实，抗风险能力较强，即使在经济状况不佳时期，还可以通过资产负债表中积攒的留存收益来渡过难关，甚至在低谷时期进行扩张。成熟行业企业拥有庞大忠诚的客户基础和资金实力，也会有助于其推出新产品，开拓新市场，相比白手起家的初创型企业，可以更快地获得市场机会。总结分析世界各地股票市场的经验，投资处于高速发展阶段的企业股票的回报率要明显高于投资成熟阶段的企业股票，但后者提供给投资者的是一种稳定可预见的回报，可以避免大起大落的风险，是绝大多数投资者能够把握的股票投资品种。一般对于价值型投资者来说，多数会选择这种类型的企业进行投资，尽管可能每年的回报率不会特别高，但总体上平稳得多，预期性也强，长时间看这种投资方式的收益率并不差。

（四）衰退阶段

行业的周期性发展，有盛就会有衰，这是客观规律。处于衰退期的行业销售额和利润持续下滑，市场需求逐步萎缩，主要原因是替代品的出现或成本上升，使继续生产无利可图，比如早期的汽车替代了马车，现在的移动通信替代了固定电话等。作为资源向优势行业和企业配置的股票市场，从理论上说，是不允许有衰退行业在这个市场存在的，但事实上我们还是会不时地遇到一些由盛转衰的行业和企业。尤其是要投资者擦亮双眼的是，处在衰退行业的上市企业虽然偶尔也会实现业绩增长，一些企业甚至能够通过行业兼并整合赚取最后的利润，甚至短期还会表现出众，但这都改变不了行业没落的结局，投资者不要为这种暂时的繁荣而失去理性，要保持清醒的头脑，尽量规避这类股票，以免贻误了在其他行业投资的时机。因为在这里已很难再找到金子般的股票，行业就像是选择出行方式一样，没落的行业就像是骑自行车，骑得再快，也不可能有汽车快。

三、从行业产业链分析来确定企业在行业内的竞争地位

在选股的过程当中，我们都希望能够选到一个竞争优势强的企业，并且也只有竞争优势强的企业才可以长期持有，时间是优秀企业的朋友，如果企业不够优秀，那么持有的时间越久可能亏得越多，买入并持有策略的前提条件就是企业一定优秀，否则这种策略将会彻底失败，显然选择到一个竞争优势强的企业，就显得特别重要了，这也是投资的根本基础，如果没有这个基础，我们的投资将面临着巨大的风险。

企业显然不是独立生存于市场当中，企业必然是整个产业链当中的一环，通过企业与上下游企业的关系可以大致判断企业的竞争优势如何，许多时候，只听企业怎么说意义不大，只有看现实的成果才是最真实的，企业的竞争优势一定会反映在与上下游的关系上。

首先说上游，如果企业的优势明显，那么上游供应商的话语权会很弱，也就是说供应商会求着企业来购买自己的商品，既然是被动的，那么供应商的供货条款就应该非常宽松，这种宽松表现在几个方面，一个是价格，一个是付款方式，既然是买方强势，那么卖方就很难有非常好的价格，同时在付款方式上，买方也会有更多的选择权，甚至可能是先拿货，然后过一段时间再付款，也有可能是先进货，等货品销售完毕之后才结货款。

再说下游，如果本企业强势，产品供不应求，那么下游的经销商就会排队来购买产品，既然是排队购买，价格会是卖家满意的价格，自然反映出来的就是毛利率比较高，至少是在同行业里比较高的，同时既然买家比较多，那极有可能是先款后货，也就是说先把货款付了，过一段时间有货了再通知

经销商来拿货，这是现实商业活动中经常会出现的现象，也是企业竞争优势的直接体现。

企业本身是生存于产业链当中，如果企业足够强势，就会体现出上下游通吃，上游是先货后款，下游是先款后货，这才是竞争优势最直接的体现，如果只说有优势，而没有体现在货与款的关系上，那么这种优势是不牢固的，只有产业链当中的企业用现金来投票，这样的优势才是最稳固的。

回想一下 A 股当中的大牛股，许多都具有这样的特点，如果企业不能够尽量多地占有上下游的资源为自己所用，那么说明企业在产业链当中的地位还不够稳固和强势，企业要想获得更好的发展，除了利用自身的资源之外，更重要的是要合理利用产业链上的资源，并且这些资源都是免费的，占有上下游的资金显然是不需要付出利息的，相比银行贷款或者其他方式的融资，来的更加直接，成本更低，对企业的发展更加有利。

四、只选择行业内最具有竞争优势的企业

在投资的过程当中，我们一直强调，好企业再加上好价格才会是好投资，那么所谓的好企业，就是细分行业当中最优质的企业，一定选择“体格”最健康、抗风险能力最强的企业。

投资想要获得收益，就要确保企业的持续增长，而具有持续竞争优势的企业是业绩能够增长的重要保证，更为重要的是，只有具备持续竞争优势，即具备深度护城河的企业才能保证企业的业务不被竞争所侵蚀，能够有效地保护自己的市场份额。对于企业而言，竞争是永恒的主题，特别是非垄断的自由竞争行业，大多数都会经历优胜劣汰的过程。在商业领域里，很多行业的发展都遵循“二八定律”，即 20%的企业分享着行业内 80%的利润或市场，而剩余的 80%的企业只占有行业内 20%的利润或份额，也就是说在任何一个行业发展过程中，很可能只有最好的企业能够持续保证赚钱，而且赚得越来越多，市场份额不断集中，最后获得市场份额竞争的胜利。

如果仔细研究世界企业的发展历程就会发现，任何一个企业的生存发展都是非常不容易的，没有持续竞争优势的企业很难长期盈利，竞争的结果使

行业内大多数企业被市场淘汰。美国超市行业经过几十年的竞争，具备强大竞争力的沃尔玛股价上涨了近千倍，而在20世纪70年代销售额是沃尔玛20倍的现代连锁超市业鼻祖凯马特（Kmart）公司，2002年则宣布破产保护。特别是在经历经济周期或者行业政策大变革时期，企业会经受更多的考验，而这个时候，只有经营最稳健、竞争优势最牢固的企业能够生存下来，如果企业的基础不够牢固，经营上有瑕疵，可能在严冬就被消灭了，这也是选择最优质企业的一个核心考虑因素。

尽管行业内优质的企业价格可能永远都不会非常便宜，但买入这样的企业是安心的，即使行业出现什么恶性事件，企业也不会倒闭，只要行业还存在，企业就存在，这样的选择当然是最稳妥的，投资不是比谁跑得快，而是比谁活得久。

可能许多时候，行业内的龙头企业的股票价格并不是表现最好的，比如市场从低迷转向亢奋的过程当中，往往是那些行业内排名比较靠后的企业股价表现最好，这是因为当整个行业开始转向景气的时候，往往是边际成本比较高的企业，业绩恢复得更快。比如有甲乙两家企业，同样销售一种产品，甲企业的成本为5元，乙企业的成本为8元，现在的售价同样为15元，则甲企业的毛利润为10元，乙企业的毛利润为7元，随着市场竞争的加剧，现在产品价格降低为8元，甲企业的利润为3元，而乙企业已经不赚钱了，刚好持平，在这样的激烈竞争的过程当中，股票市场的反应是两个企业的股价都会下跌，但乙企业下跌幅度会远远大于甲企业，如果销售价格再进一步降低，乙企业将开始亏损，这个时候股价就更加惨不忍睹了，但随着竞争格局的稳定，销售价格开始好转之后，我们会发现乙企业的利润增长速度会远远快于甲企业，当销售价格超过8元时，乙企业开始由亏转盈，这个时候股价就会开始有所表现，随着售价的进一步上涨，盈利情况会持续体现，企业股价更是会有大幅度上升，这个时候甲企业的利润也有所好转，但是好转的幅度要小得多。这并不是选择乙企业的理由，我们退一步思考这个问题，如果销售价格长时间低于乙企业的成本8元呢？这个行业经过惨烈的竞争如果只能有一家企业存活那将是谁？显然会是甲企业，从稳健和长远投资的角度来说，如果想要买入股票之后安稳地睡觉，那么甲企业才是最佳的选择。

五、借助研究报告来进行企业研究

投资过程中，看研究报告是非常必要的一步，也是我们经常做的事情，也许你也经常看研究报告，是不是也发现了这样的现象，就是研究报告当中，看多的报告很多，看空的报告却很少，对于个股来说，就是买入与增持的评级比较多，而卖出的评级很少看到，看到几个中性已经是相当罕见了，那么如何看待券商的看空报告呢?

当然历史上也有看空的报告，比如当年光大证券看空伊利的报告，还有申万宏源电子行业的报告，都表达了这样一个观点，前者是对伊利这个企业的看空，后者是对电子行业的看空，也都引起了市场的一定关注，说明这样的报告数量还是很少的。

分析师看空的报告，是对企业或者行业极度不看好的一种表达，一般来说分析师很少给出明确的看空报告，这基本上就是行业的一种默认共识，即使对调研的企业真的不看好，也最多给一个中性评级，明确给出看空的报告，说明分析师是极度不看好，不然轻易不会给出这样的评级，更不会轻易打破行业的共识。

另外，分析师去调研企业，显然是不想做无用功，并且哪个分析师都想与企业保持良好的关系，看空会使企业非常难堪，也不利于后续工作的开展，有如此多的不利因素，分析师也甘愿给出卖出评级，显然是一种极度负面的表达。

当然对于研究报告，我们一直强调，只是投资的辅助工具，企业的分析还得靠自己来进行，不能完全采取别人的观点，要有自己的投资逻辑，要能够确定自己分析企业的框架，独立思考，谨慎决策，即使分析师给出了卖出评级，也不意味着股票价格就一定会下跌，这是两个层面的问题，要有正确的理解，才不会走弯路。

现在许多投资者已经习惯了去看券商的研究报告，对于分析师着重看好的个股，是全部接受，照单全收，还是说本身也半信半疑，不知所措，显然这是一个问题，只有搞清楚了才知道如何再去参考券商的报告。

对于分析师推荐的个股，作为投资者的我们，要首先去看逻辑上是否成立，如果逻辑没有问题，那么大的方向就确定了，至少这样的方向是可以参考的，至于能否作为重点考虑对象，那还要看具体的个股选择是否为行业内最优质的企业，这是选择个股的一个非常重要的参考标准，尽管可能这种行业内的优质企业会在估值上偏贵一些，那也要选择行业内最好的企业，这是一个基本的原则，如果估值特别高，没有什么优势，那么也只有等待，等待合适的估值出现的时候，着手投资。

投资的逻辑最为重要，这是投资前提，然后是确定行业内最好的企业，这是基础，最后是判断估值，这是必要条件，只有在合适的价格买入了优质的企业，才有可能投资成功，如果花了大价格买入了优质的企业，那也有可能会被套相当长的时间，这样的经历当然不会是美好的，只有好企业、好价格才有可能是好的投资机会。

第六章　企业分析

一、优秀企业是投资的根本保障

从长期来看，优质的企业是我们投资成功的根本保障。我们可以把中小板前20只个股的K线图缩到最小来看看，是不是多数个股的图形都是从左下角向右上方发展的，当然每只个股的斜率不同，但多数还是上升的，这说明了一个基本的问题，就是如果把时间拉长，多数个股的总市值还是增长的，我们投资于股票，其实就是在判断未来企业的总市值是否会增长，如果会增长，我们自然就赚钱了，相反如果不增长，就是亏损了。

为什么长时间看总市值都是增长，这个基本事实是由于企业的生产与经营在不断地创造价值，在为社会提供产品或者服务，同时也在为股东创造更多的收入与利润，尽管可能我们买入时候的价格要比企业实际的价值高，甚至高出一倍，但如果我们给企业足够的时间，假设企业的年增长率是30%，经过三年，企业的增长也把企业价值提升到我们的买入价格之上，那么从第四年开始，我们就开始赚钱了，并且每年赚钱的幅度都接近于企业的年增长率，把时间拉得足够长，比如十年，那么买入价格的影响会越来越小，最终投资收益将无限接近于企业的长期增长率。

从这个角度来说，优秀企业是我们投资的根本保障，即使买入价格过高，只要给时间，总会通过企业的增长来填平买入时的大坑，但如果企业不优秀，每年业绩不增长，或者连年亏损，就无法依靠企业的努力来获得价值的提升，如果价格严重过高，想回本就只有依靠运气了，什么时候市场行情来了，有炒作的机会了，也许才能够解套，否则将一直处于被套当中。

二、巴菲特选企业的四个基本原则

既然选择优秀企业是投资当中最为重要的事，那么我们也要清楚地知道选择企业应该遵守什么样的原则，投资者怎么做，才能把优秀的企业从3000多家上市企业中挑选出来，让投资获得最根本保障。当然我们很幸运，因为已经有投资大师替我们总结过了，我们来看巴菲特的四大选股原则。

（一）选择可以理解的行业，坚持能力圈原则

德尔斐神庙上有一句话“认识你自己”，哲学家说人生幸福最重要的是弄清楚“什么事情是属于我们权能之内的事情，什么事情是不属于我们权能之内的”。巴菲特（1996）告诉我们投资成功最重要的是能力圈原则：“投资人真正需要具备的是对所选择的企业进行正确评估的能力，请特别注意‘所选择’（Selected）这个词，你并不需要成为一个通晓每一家或者许多家企业的专家。你只需要能够评估在能力圈范围之内的几家企业。能力圈范围的大小并不重要，重要的是你要很清楚自己的能力圈范围。”

巴菲特如何画出自己的能力圈呢？“围绕你能够真正了解的那些企业的名字周围，画一个圈，然后再衡量这些企业的价值高低、管理优劣、出现经营困难的风险大小，排除掉那些不合格的企业。”对于能力圈以外的企业，无论别人怎么看好，巴菲特根本不理，哪怕错过再大的赚钱机会，也不会后悔，因为这是在他的能力圈以外不该赚的钱：“我错过了参与投资手机的好机会，因为手机行业在我的能力圈之外。”但是对自己能力圈以内的企业，巴菲特会拼命努力研究分析：“我会每次选择一个行业，逐步成为能够精通的专家。”

“我不会简单接受关于任何一个行业的传统看法。我要努力研究得出自己的独立看法。如果我选择的是一家保险企业或一家造纸企业，我会在脑子里想象，自己处于这样一个情境之中：我刚刚继承了这家企业，而且这家企业将是我们整个家庭拥有的唯一财产。我应该对这家企业做些什么？我要考虑哪些东西？我担心什么东西？谁是我的竞争对手？谁是我的客户？我会走出办公室，去与客户们交谈。我要弄清楚，与其他同行企业相比，我们这家企业的优势是什么，劣势是什么？如果这样做了研究分析的功课，那么就有可能比管理层还真正了解这家企业。”

苏格拉底说：“知道自己无知的人才是最聪明的人。”用孔子的话说就是：“知之为知之，不知为不知，是知也。”为什么历史上成千上万的投资大师中，只有巴菲特在2008年通过投资成为身家620亿美元的世界首富。其中最重要的原因是巴菲特特别能够自制，总是能够坚守自己的能力圈：“对于大多数投资者而言，重要的不是他到底知道什么，而是他们是否真正明白自己到底不知道什么。”巴菲特曾经说：“我对IBM创始人之子托马斯·沃森了解一些。我可以告诉你他说过的一句非常聪明的话：‘我并不是一个天才，但在某些方面相当聪明，我就一直专注于这些方面。’这是一个非常明智的建议，也适用于股票投资。”看看巴菲特过去40多年的股票投资组合，你会发现他长期持有自己从小就非常熟悉的企业：他6岁就卖过的可口可乐，他13岁开始做报童送了三年的《华盛顿邮报》，他经常使用其信用卡的美国运通，生产他天天用的剃须刀的吉列（后来并入宝洁），却几乎没有一家是高科技企业。巴菲特解释说：“我们努力固守于相信和可以了解的企业，这意味着那些企业具有相对简单且稳定的特征。如果企业业务非常复杂而且不断变化，那么我们就实在没有足够的聪明才智去预测其未来的现金流量。碰巧的是，这个缺点丝毫不会让我们感到困扰。投资人只需要做很少几件正确的事情就足以成功了。”坚持能力圈原则，最大的困难在于，如何能够抵挡住为了追逐更多利润跨出能力圈的诱惑。

20世纪90年代后期，网络高科技股大牛市，巴菲特却一股也不买，尽管这让他在1999年盈利只有0.5%，而当年股市大涨21%。巴菲特依然坚持能力圈原则：“我们的投资原则如果运用到科技股上也会同样有效，但我们并不知道该如何具体运用。如果我们今年亏了钱，我们会在第二年赚回来，并向你解释我们是如何做到的。我确信比尔·盖茨运用的是和我们同样的投资原则。他理解高科技企业的方式与我理解可口可乐或吉列公司这些传统企业的方式一样。我可以肯定地说，他同样也是寻找一个投资的安全边际，他估算安全边际时，就像他拥有整个企业一样，而不是仅仅拥有一只股票。如果我们在自己的能力圈里面找不到值得投资的企业，我们只会选择耐心等待。”结果从2000年开始，美国股市网络股泡沫破裂，股市连跌三年，跌幅超过一半。巴菲特这三年却盈利10%，大幅跑赢市场。

可能是由于巴菲特和盖茨的友谊越深，两人的交流讨论就越深入，把巴菲特对高科技的了解推升到更高的水平。2005年盖茨加入伯克希尔公司董事会，巴菲特现在也会用电脑上网，用谷歌搜索，也会收发电子邮件。巴菲特在不断扩展他的能力圈。2002年，巴菲特投资Level 3高速网络通信公司5亿美元。

巴菲特对Level 3通信公司充满信心的一个原因是人，他的老友沃尔特·斯科特担任董事会主席："有时候，你会在你的能力圈之外进行投资。Level 3通信公司就是我在能力圈之外的投资。但是我是把赌注押在人的身上，我觉得我非常了解这个人。有些时候别人也会把赌注押在我的身上。"1999年，巴菲特收购了Great Lakes化学公司6.8%的股份，还收购了TCA有线电视公司8.1%的股份。2003年购买了Nextel 5亿美元的债务和优先股。他还收购了全球第七大电子元件销售公司TTI公司。随着电脑时代的发展，也随着巴菲特对科技的理解，巴菲特也不断扩大了自己的能力圈。他在2011年买入107亿美元IBM股票。

巴菲特2011年11月14日接受CNBC访问时，记者问："这次投资IBM是不是意味着你完全改变了研究科技股的基本原则了呢?"巴菲特回答："我关注研究所有股票，但我研究的结论是，大部分企业我根本无法预测它们未来的经营发展前景。"记者又问："你研究后认为IBM更大程度是一家服务企业而不是一家硬件和软件企业，几乎不再是一家高科技企业?"巴菲特回答："IBM是一家帮助企业IT部门把自己的工作做得更好的企业。"巴菲特对科技企业的胃口远远不止这107亿美元的手笔。2011年圣诞节，巴菲特写给圣诞老人的2012年新年愿望名单列出他最想收购的企业。名单上先是几家已完成而被划去的企业，这是巴菲特已经完成收购的企业：GEICO、伯灵顿铁路、物流巨头McLane。后面是巴菲特希望收购的三家企业：石油巨头埃克森美孚、富国银行、谷歌。82岁的巴菲特竟然想要收购谷歌这个全球市值最大的高科技企业，等他100岁时，他的能力圈会拓展到多么巨大呢?

可见，投资人对于投资一定要有所为有所不为。用中国生意人的话说："买卖不熟不做"，而对于不了解的企业，就不要参与。不是该企业不是优质企业或者未来不能成为一个大牛股，而是这部分钱根本就不是能够赚到的钱，即使侥幸这次赚到了钱，那么将来也会因为自己的不了解而在其他股票上亏回去。世界上的行业和企业的知识太多了，而投资人需要有行业背景。没有行业背景，尤其是对于高科技企业，就无法参与。在投资的漫长道路中，不犯错、少犯错是长期获取复利的核心，这个道理非常简单，比如我们的起始点都是100，甲每年增长10%，而乙第一年增长20%，而第二年亏损15%，我们计算一下十年后，每个人的总资产情况，就会非常清楚地知道，持续稳定盈利是多么重要，回头再总结一下巴菲特是如何成功的，其实在他入主伯克希尔·哈撒韦公司到现在，年度最高收益率也只有60%，并且只有两年超过50%，这并不是他最成功的地方，相信很多投资者都曾经取得过比这个高得多的收益，但他最成功的是只有两年亏损，并且每年的亏损幅度都小于10%，这才是成功的核心所在。用巴菲特的合伙人芒格的话说："哈佛大学商学院的案例，都是讲成功的商业案例，我希望谁告诉我，我会死在哪里？我就绝对不到那里去。"也就是说一定要首先保证投资的安全，然后才是去获得收益，不能让自己的本金处于极度的危险当中。

（二）可持续的竞争力和广阔的市场空间

核心竞争力（Core Competence），又译作核心能力或核心竞争能力。这一概念最早是由美国经济学家普拉哈拉德和哈默提出来的，是指企业（或企业集团）在竞争中获取、配置关键资源，能使企业形成并保持长期稳定的可持续竞争优势及稳定的超额利润。

企业核心竞争力是一个多元和复杂的系统，表现为一定的层次结构，包括核心业务（主营领域）、核心制造（主导产品）、核心技术能力（优势技术与专长）、核心管理能力（成长能力）、核心营销服务网络，以及战略管理与创新能力等。

1. 核心竞争力的表现形式

（1）技术型企业。其竞争优势是拥有生产核心产品的技术设备、核心专利技术、垄断型原材料和技术、知识、技能领先的人才。

（2）文化型企业。其优势体现在富有不断创新精神的企业家及其带领的团队形成的独特的企业文化。

（3）渠道型企业。其优势是拥有遍布销售区域的网络渠道。

（4）品牌型企业。其优势是基于信誉基础上的强势品牌。

（5）资金型企业。其优势是拥有可供运作的雄厚资金。

（6）规则型企业。其优势在于拥有门槛很高的技术标准、市场运作规则、独占的生产、经营许可。

2. 核心竞争力的特征

（1）价值性。企业核心竞争力在提高企业效率、降低成本和创造价值方面能比竞争对手做得更好，同时也应给企业的目标顾客带来独特的价值和利益。

（2）积累性。核心竞争力是企业在长期生产经营实践活动过程中，以特定方式、沿着特定的技术轨迹由小到大，通过学习、消化、吸收、合成逐步积累整合形成，往往要通过较长时间实现和培育。

（3）独特性。核心竞争力与企业的组织结构高度融合，是相关管理理念的复合体，是建立在企业内部长期学习、经验积累基础上的专长，稳定性较强，是独一无二的，具有独特性。

（4）难以模仿性。核心竞争力难以与企业分离，它所包括独特的技术技能、生产技巧、操作诀窍等技术特性，深深地印上了企业特殊的组织构成、经历经验、企业文化、管理理念、市场营销的烙印，是企业技术特性与组织特性的复合体，难以被当前或潜在的竞争对手所了解、仿制或获取。

（5）不可交易性。核心竞争力与特定的企业相伴生，虽然可为人们所感知，但难以用语言、文字、符号来描述或表征，更无法像其他生产要素一样通过市场进行买卖或交易。

（6）延展性。在企业能力体系中，核心竞争力是母体、是核心，有溢出效应，可使企业在原有竞争领域中保持持续的竞争优势，也可围绕核心能力进行相关市场的拓展，通过创新获取该市场领域的持续竞争优势。

（7）动态性。从客观上看，核心竞争力总是与一定时期的资源、产业、组织管理模式及环境动态等因素高度关联，随着这些因素的变化和时间形势的变迁，企业的核心竞争力必然会发生动态发展演变。

（8）整体性。核心竞争力是一个系统不可分割的整体，任何单一的基本要素，不管它多么重要，都不可能形成核心竞争力；只有构成核心竞争力的所有基本要素协同动作，相互配合，才有可能形成核心竞争力。

3. 核心竞争力对企业生存和发展的意义

核心竞争力决定其产业发展的深度。关注核心竞争力比局限于具体产品和业务单元的职能发展战略能更准确地反映企业长远发展的客观需要，使企业免于为求短期利益而陷入战略性误区。核心竞争力可以增强企业在相关产品市场上的竞争地位。其意义远远超过单一产品市场上的胜败，对企业的长远持久发展具有更为深远的战略意义。核心竞争力的培育建立是在企业内部长期知识、经验积累的基础上形成的独特专长，因此，不像某项具体技术或产品那样很容易被对手模仿、仿冒，对企业来说，具有较强的持久性，而且会对其他企业造成较高的进入壁垒或门槛。核心竞争力对目前全球持续的企业再造、兼并、合并浪潮及动态联盟（包括虚拟企业）具有特殊、关键意义。企业只有在重组、联盟过程中积极优化组合各自的关键资源和核心能力，并将其综合集成为企业的整体核心竞争力，才能使双方或多方盈利，获得可持续竞争优势，实现可持续发展。核心竞争力是21世纪企业经济可持续发展的有力武器。企业一旦拥有了核心竞争力，就能够建立长期的可持续的竞争优势，为企业可持续发展奠定坚实基础，就可以在未来激烈的市场竞争中立于不败之地。

从我们选择投资目标的角度来说，就是要选择行业内最具有核心竞争力的企业，这种核心竞争优势，可能会是规模优势，也可能是成本优势，或者是技术优势等，每个企业的核心竞争优势都会有所不同，需要结合具体的企业来分析，同时也只有找到了企业的核心竞争优势，并且确认这种优势不会在短期内改变，我们才可以去投资该企业。

（三）优秀的团队

投资者购买的股票，其企业管理层一定要优秀。巴菲特说，股票投资初看投资的是企业，其实更重要的应该是人，即这家企业的管理层。在其他条件相同的情况下，上市企业的管理层是否足够优秀，是投资该企业应该考虑的决定因素之一。投资的实质其实是投资企业的核心管理团队。

从这个角度看，巴菲特认为最重要的投资对象其实不是上市企业本身，而是这家企业的管理层，也就顺理成章了。并且从企业长期经营的角度来说，为了应对社会环境的变化，企业管理层必须要及时调整策略，甚至转换经营方向，只有优秀的管理层才能带领企业不断从一个辉煌走向另一个辉煌。

巴菲特说，他最敬佩的企业管理者是美国广播公司的汤姆·墨菲，政府雇员保险公司的比尔·斯奈德、卢·辛普森，华盛顿邮报公司的凯瑟琳·格雷厄姆、迪克·西蒙斯，这也是伯克希尔公司希望能永久持有这三只股票的重要原因。

在每年伯克希尔公司年报致股东的一封信中，巴菲特都要不惜笔墨甚至有些肉麻地赞赏旗下企业的优秀管理层，不但欣赏他们出众的管理能力，更赞赏他们的高尚人品。

他说在长期合作中，他经常有机会近距离观察这三家企业的首席执行官，相比之下，他们要比其他上市企业首席执行官的表现卓越得多。例如，有些上市企业的首席执行官明显无法胜任工作，可令人奇怪的是他们的位置却坐得很牢，一点后顾之忧也没有。可是这样做的结果呢，必然会导致企业内在价值大幅度下降，甚至面临倒闭风险。

巴菲特一再劝告投资者，一定要把资金投到管理层十分优秀的上市企业上。如果对这家企业管理层的管理才能和人品一无所知，那么还是等考察清楚了再做决策。日常生活中根本不可能把钱莫名其妙地交给陌生人打理，为什么在股票投资中就能这样盲目呢？

那么，巴菲特心目中的优秀管理层究竟有什么标准吗？

巴菲特说："上述这些观点并非是对所有首席执行官或董事会的谴责，他们中的大多数非常能干而且勤奋努力，有些人甚至出类拔萃。但是，我们非常幸运能够与三只永远持股股票的企业管理人员一起合作。他们热爱自己的企业，像所有者那样思考，他们的所作所为表现出高尚的品德与出众的能力。”

不难看出，巴菲特对优秀企业管理层的衡量标准主要有两点：一是高尚的品德，二是出众的能力。前者主要是指企业管理层的为人应当值得投资者信赖，否则就不会放心把钱交给其打理；后者主要是指这个企业管理层有能力为股东创造良好收益，让投资者从中得到合理回报，归根结底，企业管理层的能力将会大大影响该股票未来的分红派息，直接决定着该股票内在价值的高低，影响着该企业的长期竞争优势，从而决定着该企业未来的发展方向。所以巴菲特说：“以一般的价格买入一家非同一般的好企业，要比用非同一般的好价格买下一家一般的企业好得多。”

许多股东权益回报率和总体增量资产回报率持续表现良好的股份公司，实际上将大部分的留存收益投入了毫无吸引力的甚至是灾难性的项目之中。企业强大的核心业务年复一年持续增长，隐瞒了其他资本配置领域里一再重复的错误（通常是高价收购本质上平庸的企业）。犯下错误的经理们总是不断报告他们从最新的失败中吸取的教训，然后，再去寻找下一个新的教训。

总而言之，优秀的管理层会合理配置资源，能够形成并保持企业的核心竞争优势，善于渡过难关，这些都是选择优秀管理层的基本出发点。

（四）安全边际

格雷厄姆第一个在证券分析中提出了“内在价值”的概念：“证券分析家似乎总是在关注证券的内在价值与市场价格之间的差距。但是，我们又必须承认，内在价值是一个非常难以把握的概念。一般来说，内在价值是指一种有事实——比如资产、收益、股息、明确的前景——作为根据的价值，它有别于受到人为操纵和心理因素干扰的市场价格。”

格雷厄姆衡量股票安全边际的计算方法，来源于债券投资。

债券的安全边际是指企业过去几年连续保持税前利润超过应付利息费用的5倍以上，多出应付利息费用的盈利部分，就形成了安全边际，即使企业未来盈利出现下降，也可以保障债券投资人的安全，照样能够还本付息。

· 格雷厄姆认为，经过修正后，债券的安全边际概念同样可以运用到股票投资上。正常情况下，普通股投资的安全边际是指未来预期盈利能力大大超过债券利率水平。比如根据每股收益除以当前股价计算的投资收益率是 9%，而债券利率是 4%，那么股票投资人就拥有 5 个百分点的安全边际。

当然这是最初的格雷厄姆的安全边际，今天安全边际这个概念已经有了一些新的发展。我们买入股票的时候，也要在合理估值的基础上打一定的折扣，这样的折扣其实就是安全边际，就是给自己留下一点犯错的空间，万一买入之后，股票价格继续下跌，那么也不会对我们的投资造成太大的影响，同时从另外一个角度来说，任何企业以全价买入都很难获得超额收益。

同时我们也清晰地知道，不只是价格本身是安全边际，优秀的管理团队其实也是安全边际，良好的护城河也是安全边际，时间也是一种安全边际。

综上，选择企业要是可以理解的行业，有可持续的竞争优势与广阔的市场空间，有优秀的管理团队和安全边际，这四点是必不可少的，都是刚性要求，是没有商量余地的。只有做好这四个方面的分析，才能把优秀的企业从众多的上市企业当中挑选出来，加入投资的备选名单。

三、分析企业的步骤

分析企业一般来说从产品入手，企业与市场最为直接的关系，就是为消费者提供什么样的产品或者服务，这些产品或者服务与其他企业的有什么不同，企业在行业当中占据什么样的地位，通常这种地位都是由产品来体现的。

我们一般从企业的招股说明书入手来了解企业的基本情况，了解其行业地位，就是了解其在产业中的竞争地位、市场占有率、未来发展趋势和行业增速等内容，就是对其所属行业的竞争情况、市场情况、发展前景的了解。

当了解了行业的基本情况之后，要确认我们对行业了解多少，这个行业在不在能力圈范围之内，如果这个行业已经超出了自己的能力圈，那么就没有必要再进一步研究，要充分了解行业，对行业的发展有良好的判断，才可以再去具体研究企业，不要做超出自己能力圈范围的事情。

当确信分析企业在自己能力圈范围之后，就要对企业进行具体的分析，找出企业的竞争优势，并且要看这种优势是否体现在财务报表上，最后判断估值是否合理，以及通过现场调研来确定是否进行投资。

四、强周期与弱周期企业的特点与投资原则

强周期性是指和国内或国际经济波动相关性较强的行业，其中典型的周期性行业包括大宗原材料（如钢铁、煤炭等）、工程机械、船舶等。周期性行业的特征就是产品价格呈周期性波动，产品的市场价格是企业盈利的基础。在市场经济情况下，产品价格形成的基础是供求关系，而不是成本，成本只是产品最低价的稳定器，但不是决定价格的基础。

弱周期性（非周期性）行业是那些生产必需品的企业，不论经济走势如何，人们对这些产品的需求都不会有太大变动，如食品饮料、交通运输、医药、商业等收益相对平稳的行业就是非周期性的。

周期性企业的投资原则，首先是严格把控买入时点，要在行业低谷时投资，行业繁荣期退出。对行业周期的把握，一定是建立在对行业足够了解的基础上，这就需要投资者对行业长期跟踪研究。一般来说如果行业内几乎所有企业都在亏损，一些企业已经在破产的边缘，并且真的有一两家破产了，这时行业内企业的股价一定处于极端低点；另一个时点是在产能供给未大量过剩的前提下，企业业绩好转，同时产品服务价格上涨时。

一般到周期性行业低谷期，大部分业内企业都是亏损的，只能靠现金撑着过冬，等待春天到来。报表自然不会好看，其中负债率过高，经营现金流长期为负且无好转趋势，可抵押变卖的资产无法覆盖短期负债的企业一定要加倍小心，不碰为妙。

可以请教业内人士，或者查行业资料，看看以往的破产企业，破产前都有哪些异常表现。当然，在国有资本企业里，可能情况会有所不一样，国有企业的破产还是相当少的。具体到 A 股，就是所有“中”字头的国有企业，很少会真正破产。

弱周期的企业，相对来说经营比较平稳，比如医药类企业，不管经济情况好坏，有些药都是必须要使用的，比如糖尿病要使用胰岛素，那么这类型

的企业销售情况会相当稳定，当整个市场出现情绪性低迷，估值整体偏低的时候，就是买入这类企业的大好机会，尽管这种低估可能不会特别多，但已经是难得的好时机了。

五、不同类型企业的获利途径

投资股市，一定要清楚地知道，我们是在股票市场里如何赚钱的。一般来说有两种赚钱模式：一种叫交易价值，一种叫成长价值。所谓交易价值，就是通过交易，以低于正常价值的价格买到股票，而当股票价格恢复到正常时卖出而获得的价值，也就是低估带来的价值，之所以会有低位卖出的情形，可能是有的投资者心理承受能力差，或者是对企业价值判断出现偏差。另一种成长价值，实现方式是以合理的、正常的价格买入股票，而在持有的过程当中，由于企业优秀，持续为社会创造价值进而提升本身的内在价值，表现在股票市场上就是股票价格上涨，这种价值是通过企业努力经营而创造出来的，是在原来的基础上“生长”出来的。

交易价值存在，是因为市场本身具有情绪化的特点，市场受到情绪或者突发事件的影响，会导致股票价格严重偏离其内在价值，严重高估或者低估，价值型投资者通过买入那些被严重低估的股票而获得情绪极度低迷带来的收益，这部分价值是以别人的亏损为代价的，极端情况下，可能持有股票的人有90%，甚至99%都是亏损的，只有极少数买到最低点的人才是盈利的，并且盈利的部分就是前面卖出的人亏损的部分，整个交易过程中，市场并没有创造价值，只是完成了价值的转移。

而成长带来的价值，则是另一种情形，投资者以合理的价格买入了优质的企业，随着时间的推移，企业经营得越来越好，为社会提供了丰富的物质产品或精神产品，使更多的消费需求得到了满足，企业在这个过程当中也获得更多的收入与利润，同时提供了更多的就业岗位，国家获得了更多的税收，因为企业表现优秀，二级市场上股票价格也水涨船高，投资者也获得丰厚的投资收益，这整个系统当中，没有人的利益受到损失，企业经营者、消费者、股东、国家四方利益均得到了实现，并且都从中受益，产生这样结果的核心是企业的优秀，只有企业能够生产出来受消费者欢迎的产品（或者提供服务），才能实现多方共赢。

当然这种价值型与成长型是我们人为划分的，许多时候价值型与成长型也是可以相互转换的，比如 2017 年的贵州茅台，显然就不能再看成是价值型的，年度 52%的收入增长，这是一个快速成长型企业的数据，在 2017 年以前市场的印象里，茅台本身是一个价值型的企业，所以给它的估值水平都不太高，然后经过 2017 年的快速增长之后，市场开始认识到，其实茅台也是有高成长的，自然在估值上就有所提升，由最初的 8 倍市盈率增长到了 2019 年初的 30 倍左右市盈率，这是贵州茅台股价大幅上涨的最大推动力。

六、企业增长的几个途径

增长是资本市场永恒的主题，对于长期保持快速增长的企业，资本市场都热烈欢迎，并且都会给一个相当可观的估值。从现实企业经营的角度来说，企业的收入与利润不断增长，自然内在价值就会增长，长期看股票的价格也会跟随着内在价值一路上涨，只要我们能够判断企业未来收入与利润的增长，那么自然也就能够判断未来的股票价格了，一般来说企业的收入增长有以下四个途径：

（一）销售更多产品或者提供更多服务

从增加企业销售收入的角度来说，最为直接的方法就是销售更多的产品，比如汽车厂商，今年销售 10000 辆汽车，明年如果在销售单价不变的情况之下，使销售量增加到 15000 辆，那么自然企业的总收入就增长了 50%，对于这种具有大量固定资产的企业来说，销售量的增加会带来单个产品成本的降低，使得企业利润的增长会快于销售收入的增长。这样的企业投资机会可能会出现在行业出现周期性拐点的时候，比如煤炭类的企业，当行业处于整体萧条期的时候，产品需求不足，价格低迷，企业开工率不足，一旦宏观经济开始好转，产品的需求开始复苏，价格平稳当中略有上涨，企业产能利用率增加，单位产品的成本开始呈现下降趋势，企业的净利率将大幅度提高，企业的盈利情况就会明显改善，股票价格也会出现一波明显上涨。

（二）销售新的产品或者提供新的服务

第二种增加销售收入的方法是销售新的产品或者提供新的服务，也就是企业拓展产品线，为消费者提供一种新的产品，这种产品是企业以前没有的，比如卖方便面的企业开始卖矿泉水了，这就是产品线的一种延伸，当然这种延伸不一定会成功，企业如果开始盲目多元化，最终不但没有增加收入，还会使企业遭受到一定的损失。这里指的提供新产品不是指盲目的多元化，而是指在原有产品系列上的创新和延续，比如做快速消费品的，那么将来推出的新产品应该也是快速消费品，做手机的将来可能会有多款机型面市，但绝对不是跨界去搞汽车了，从经营企业的角度来说，隔行如隔山，企业在某个行业做得非常不错，并不代表进入另一个行业也同样能够成功，盲目进入其他行业，更多的是失败的教训。

（三）提高单品价格

企业第三种增加收入的方法为提高单品售价。在销量不变的情况下，提高价格自然就会增加总收入，提高毛利率，企业的净利润就会提高。但同时也要注意到，价格是不可能无限提高的，在提高售价的同时，肯定会在一定程度上影响销量。在提价方式选择上，企业应尽可能多地采用间接提价，把提价的不利因素减到最低程度，使提价不影响销量和利润，而且能被潜在消费者普遍接受。同时，企业提价时应通过各种渠道向顾客说明提价的原因，配之以产品策略和促销策略，并帮助顾客寻找节约途径，以减少顾客不满，维护企业形象，提高消费者信心，刺激消费者的需求和购买行为。

至于价格调整的幅度，最重要的考虑因素是消费者的反应。因为调整产品价格是为了促进销售，实质上是要促使消费者购买产品。忽视了消费者反应，销售就会受挫，只有根据消费者的反应调价，才能收到好的效果。

（四）并购

第四个增加企业收入的途径是并购。并购顾名思义就是收购其他企业，在 2013 年前后，并购曾经成为创业板上市企业的一个重要扩张方式。

在实施过程当中，并购的动因归纳起来主要有以下几类：

1. 扩大生产经营规模，降低成本费用

通过并购，企业规模得到扩大，能够形成有效的规模效应。规模效应能够带来资源的充分利用，降低管理、原料、生产等各个环节的成本，从而降低总成本。

2. 提高市场份额，提升行业战略地位

规模大的企业，伴随着生产力的提高和销售网络的完善，其市场份额将会有比较大的提高，从而确立企业在行业中的领导地位。

3. 取得充足廉价的生产原料和劳动力，增强企业竞争力

通过并购实现企业的规模扩大，成为原料的主要客户，能够大大增强企业的谈判能力，从而为企业获得廉价的生产资料提供可能。同时，高效的管理、人力资源的充分利用和企业的知名度都有助于企业降低劳动力成本，从而提高企业的整体竞争力。

4. 实施品牌经营战略，提高企业知名度，以获取超额利润

品牌是价值的动力，同样的产品，甚至是同样的质量，名牌产品的价值远远高于普通产品。并购能够有效提高品牌知名度，提高企业产品的附加值，获得更多的利润。

5. 取得先进的生产技术、管理经验、专业人才等各类资源

并购活动收购的不仅是企业的资产，而且获得了被收购企业的人力资源、管理资源、技术资源、销售资源等。这些都有助于企业整体竞争力的根本提高，对企业发展战略的实现有很大帮助。

6. 通过收购跨入新的行业，实施多元化战略，分散投资风险

这种情况出现在混合并购模式中，随着行业竞争的加剧，企业通过对其他行业的投资，不仅能有效扩大企业的经营范围，获取更广泛的市场和利润，而且能够分散因本行业竞争带来的风险。

从历史的经验来看，前五种方式的并购，获得成功的可能性更大一些，单纯想依靠并购而进行企业的多元化往往效果并不理想，甚至可能会导致企

业的衰败。

七、哪种增长是可靠的

从增长类型的划分上来说，提高单个产品或者服务的售价、增加产品或者服务销售量和销售新的产品或者服务，这三种方式均是源自企业内部的增长，而并购则是直接整体收购另一个独立的企业。

从增长的可靠性和可控性来说，显然是企业内部的增长更为健康，这样增长的企业管理层的构成是非常清楚的，各部门相互之间的关系如何，这样的增长能够持续多长时间等也是确定的，而依靠并购，尽管能够在短期内实现快速的发展，但也同样会埋下隐患，收购一个企业，往往会涉及方方面面的问题，收购方的出价往往会高于被收购的企业实际价值很多，从而形成了大量的商誉，并不是说商誉就一定是地雷，但当收购对赌期结束之后，被收购的企业往往都会出现增速的大幅度下降，出现末日陷阱现象。

自 2018 年底以来，A 股上市企业经历了一波商誉减值，有的企业甚至减了几十亿元，导致 A 股的投资者见到商誉就会感到害怕，有一点谈虎色变的感觉，那么商誉到底是什么，我们只有充分了解了商誉才能战胜自己内心的恐惧。

商誉是指能在未来为企业经营带来超额利润的潜在经济价值，或一家企业预期的获利能力超过可辨认资产正常获利能力（如社会平均投资回报率）的资本化价值。商誉是企业整体价值的组成部分。在企业合并时，它是购买企业投资成本超过被合并企业净资产公允价值的差额。前面是商誉的定义，后面解释了商誉的主要来源，其实商誉的形成主要就是在于，当两家企业合并的时候，超出其资产公允价值的部分就形成了商誉。

从企业被收购的角度来说，是不大可能原价卖掉的，除非企业已经面临着相当大的困难，才有可能贱卖，一般情况下，收购都是溢价收购，区别只是在于溢价的多少而已。

而收购企业一般都会有业绩承诺，之所以给出高于公允价值的价格，也是因为预期在未来能够获得更高的收益，如果这些收益无法完成，那么将形成商誉减值，也可以反过来理解，是因为在收购企业时评估的收益过高，导致支付了过高的价格，那么现在收益无法达到当初的预期值，减值也是必然的结果，这个时候业绩的承诺人要进行补偿。

从未来收益的角度来看，如果未来的收益一直可以完成承诺值，那么商誉减值发生的概率就大大减少了，相反如果未来收益无法实现当初的承诺，那么减值几乎是必然发生了，看到商誉的时候，第一反应应该是，这个企业未来可能会发生商誉减值，至于是否一定会发生，还要看业绩承诺的实现情况，但这个潜在风险肯定是存在的，对于保守的投资者来说，还是应该谨慎对待。

二级市场投资者买入企业的股票，也就成为了企业的一个股东，当然愿意与企业一起成长，这种成长最好是从企业内部获得的动力，比如产品线的丰富，或者因为企业具有很强的定价权，能够提高产品价格，或者能够扩大销售市场，这样的成长是一个投资人想要获得的最佳目标。

八、为什么不选择增长率特别高的企业

成长是华尔街永远的追求，当然也是 A 股市场的永恒追求。特别是在创业板当中的一些企业，如果能够持续高成长，那么对于企业价值的提高是非常有利的，也是许多投资者所追求的，有一些企业每年都增长 50%~100%甚至更高，但为什么投资大师一直在告诫我们，不要选择那些增长速度特别快的企业，而是要选择那些平稳增长的企业？

为什么放着增长 50%的企业不选，而选择那些增长 20%左右的企业，这确实是需要我们好好理解的问题，这个问题出在价格与价值的关系上，如果增长 50%的企业与增长 100%的企业都同样是 15 倍市盈率的估值，那作为投资者来说当然要选择增长 100%的企业，但问题没有这么简单，很多时候尽管都是低估，但是低估多少却不一样，特别是以长期眼光来看，企业保持 20%的持续增长，显然要比保持 50%以上的增长更容易一些，当然这只是简单的数据比较，没有客观地分析所在行业的状况和企业自身的特点，但我们从概率上来说，企业持续保持 3~5 年 20%的增长，显然要比同样时间下保持 50%

的增长容易，这是必然的情况，增长不可能永远持续下去，总有动力枯竭的时候，那么问题就来了，如果是按 50%的增长来判断估值而买入个股，那么当增长率下降到 10%的时候，跌幅显然要远远大于 20%的增长速度下降到 10%时，或者换句话说，如果你以较高的估值买入了一只个股，当市场环境不好或者企业增长放缓的时候，双杀就随之到来了，出的价格越高，杀的越是凶猛，并且从行业发展的规律来看，远远超过行业平均水平的高速、超高速发展是不现实的，最终将实现均值回归，也就是回落到行业平均增长速度附近。

如果本身对于未来的成长没抱有太高期望，那么买入时的价格就不会给得太高，即使价格真的有所下跌，也会因为买入的保守而损失较小，这也许就是兵家所说的先胜而后战，并且从行业发展的历史进程来看，行业内的企业永远高速成长是不可持续的，必然会向行业的平均速度回归，高增长是暂时的，平稳的增长才是可以持续的，那么花高价格去买入高成长的企业，就是把高成长的特殊情况当成了市场的正常状态，显然是不划算的。

投资需要常识，我们不能把短期的高成长当成永续的状态，更不能假设这种高成长会持续，保守总是没有坏处，不能为高成长的个股付出过高的价格，否则只有亏损这个结果在等待着我们。

第七章　企业护城河分析

护城河，古代为防守用，是由人工挖凿，环绕整座城、皇宫、寺院等主要建筑的河，可防止敌人或动物入侵。这是护城河最基本的解释，当然我们讨论的是企业的护城河，也就是企业的经济护城河。所谓经济护城河就是让企业有相对于同行业企业的竞争优势，并且能够轻松获得利润，可以阻止其他竞争者加入。

一、企业护城河的重要作用

企业护城河最重要的作用就是能够保证企业不受竞争者的威胁，保持良好的利润。总收入减去总支出就是企业获得的利润，那么获得超额利润的两个方面：第一是企业有超高的毛利率，费用率保持在行业平均水平的时候，由于超高的毛利率也会导致净利率水平相当突出，第二就是支出优势（包括成本优势和管理优势），尽管可能企业的产品不能卖出比竞争对手更高的价格，但是由于企业具备明显的成本优势，那么净利率水平也会高于行业平均水平。企业的护城河要完成提高净利率的目标，只有从这两个方面入手，再没有其他的方式可行。

二、企业护城河的分类

（一）无形资产护城河

无形资产护城河包括品牌、专利技术和政府授权。从表面看，这些几乎没有共同之处，但是作为经济护城河，它们的作用本质上是一样的，就是让企业在市场中拥有与众不同的地位。

1. 品牌护城河

品牌护城河主要表现在两个方面，第一个是品牌溢价能力。就是看消费者愿不愿意为产品付出更高的价格。这种产品大多数追求差异化战略，可以满足消费者更高层次的需求。比如高端品牌茅台，常年来价格不断上涨，但消费者仍然愿意为之埋单，这种企业就具有明显的品牌溢价护城河。品牌护城河的另一种形式，是品牌搜索能力。这一类企业的产品大多是标准化产品，与同行差异化不明显。如果价格太高，消费者会转去使用其他的替代品。如果企业品牌深入人心，人们在市场中面对琳琅满目的同类消费品时，会毫不犹豫地选择这家企业的产品，这就说明企业具有品牌搜索护城河，比如饮料行业的可口可乐，乳制品行业的伊利牛奶。

2. 专利技术

第二种无形资产护城河是专利技术，一家企业拥有别的企业无法复制的技术，可以使企业在市场中获得强大的竞争力。比如计算机行业的微软，医疗行业的片仔癀。日本很多企业对片仔癀的秘方垂涎三尺，但是花了几十年都没有研究出其配制方法，这种独有的技术正是片仔癀在市场上一药难求的保证。

3. 政府授权

政府授权，一般都出现在有准入牌照的行业当中，比如能源、电信和金融等行业中。如我们每个人都离不开的银行，虽然没有特别的技术，就是通过存款放贷赚取差价的生意。但是，银行不是想开就能开的，政府授权就为其构建了非常高的门槛，使得拥有这种牌照的企业可以长久享受特殊资源带来的回报。

（二）转换成本护城河

转换成本，就是更换一种产品或服务时所付出的成本。这种成本不仅仅体现在金钱上，还可能是时间、精力、劳动量的成本。银行是典型的具有转换成本护城河的行业。我们的工资卡如果绑定一家银行的话，基本上所有的业务，支付宝、微信、淘宝、券商的业务也都绑定在这一个银行卡上。即使其他银行给出更优惠的条件，我们基本上也不会选择更换成另一家银行的服务，因为我们需要为此做的工作实在是太多了。这种转换成本护城河较常出现在银行、证券、医疗器械、软件系统等行业中。

（三）网络效应护城河

网络效应护城河就是随着用户人数的增加，他们的产品或服务的价值也在提高。具有网络效应护城河最典型的企业就是腾讯。腾讯是做通信工具的，当所有人都在使用微信时，即使出现一个比微信更优质的通信工具，如果你身边的亲人朋友都不用，那这个产品对你而言也没有多少价值。这种网络效应护城河一旦形成，就会非常坚固。现在微信日平均用户已经达到 7 亿多人，任何想推出另一个通信工具取代微信的企业，前提是必须能够建立与此相当规模的用户网络，面对这么巨大的工程，绝大多数的竞争对手都只能望而却步。2018 年腾讯以 1789 亿美元的品牌价值登上全球品牌价值 10 强的榜单，可见这种网络效应护城河有多大的威力。这种网络效应护城河常见于互联网企业，比如腾讯、阿里巴巴、滴滴打车等企业。

（四）成本优势护城河

在价格决定消费者采购决策的行业里，成本优势的意义非凡。这种护城河常见于生产标准化产品的行业，其产品的可替代性较强。成本优势护城河主要来自四个方面，先进的流程优势、优越的地理位置、与众不同的资源和规模效应。由于规模效应是我们最常接触的护城河，后面会详细进行介绍。

1. 优化的流程

具有优化流程的企业可以明显降低产品成本，这对于有一定规模的企业来说，可以形成暂时性的护城河。这种优化流程可以让企业暂时领先竞争对手，但这种流程仍然可以被竞争对手复制，因而只能是一种暂时的护城河。

2. 优越的地理位置

常见于资源行业的上下游企业。因为资源的长途运输需要较高的运输成本，如果距离远的话，即使其他企业有更便宜的价格，经过长途运输后，其整体的成本也不再具有优势。因此拥有得天独厚地理位置的企业就可以享受这种地域优势带来的保护。

3. 独特的资源优势

如果企业拥有的矿藏类资源采掘成本低于其他资源生产商，那么无疑这家企业就会有强大的竞争优势。这也是一种比较坚固的护城河，因为往往这些矿藏资源是无法复制的。

（五）规模效应护城河

规模效应是成本优势护城河的一种，是最常见的护城河，我们单独作为一部分进行分析。规模效应护城河主要体现在三个方面。

1. 规模越大，单位成本越低

产品的成本一方面来自于固定成本，一方面来自于变动成本。对于一家工厂来说，不管是生产 1 个产品，还是生产 1000 个产品，都需要支付同等的房租、工人工资、水电费、设备维护费，这些被称为固定成本。而每加工 1 个产品需要的原材料成本则是变动的，在这种情况下，随着工厂加工产品数量的增多，产品的单位成本降低，市场竞争力也就越强。这种规模效应常见于工业原料加工生产行业。

2. 强大的渠道网络，提高购买力

比如可口可乐为什么可以长久称霸饮料行业，深入到市场毛细血管的渠道能力是其核心竞争力之一。在我们国家偏远村庄，村里唯一的小卖部里甚至都能看到可口可乐的产品，这就是可口可乐强大的渠道能力。这种大规模的渠道网络极难复制，它往往是一种超宽的经济护城河的源泉。比如京东花了十年打造自己的物流体系。2012 年的时候，腾讯也看中了这一市场，想要以同样的方式砸钱做自己的物流，但是发现京东花了十年时间打造的这种渠道能力，腾讯一样也需要花很多年才能建立起来，腾讯在经过一番尝试后最终放弃自己做物流的想法，与京东形成战略合作，把物流市场交给了京东去做。

3. 利基市场的规模优势在于相对规模的大小

即使一家企业绝对规模尚不够大，只要在市场中某一个局部超过其竞争对手，一样可以形成强大的竞争优势。比如小区里有1000人，只需要有一家超市就可以满足人们的日常购物需求。因此，这个小区里唯一一家超市老板守着规模不大的店铺也能做得红红火火。但如果在这个小区里又开一家超市，结果可能就是两家店都赚不到钱。因此，这家超市就具备了利基市场的护城河。利基市场护城河简单说就是，市场规模较小，大的资本对此不屑一顾，小的资本进去也赚不到多少钱。那么在这个市场中现有的企业反而可以长期享受这种规模带来的竞争优势。

无形资产、转换成本、网络效应、成本优势这四个方面就是投资者们关于经济护城河的总结。我们在分析企业的时候，要通过历史数据发现企业真正的竞争力在哪里？能够多长时间保持这种竞争力？资本的本质就是永无止境地去寻找能带来更高回报的财富天堂。只要行业有利可图，竞争就会接踵而来。只有具备宽阔的护城河的企业，才能在激烈的市场竞争中惬意地数钞票。

三、获得护城河的方式

护城河对于企业来说是非常重要的，企业是如何获得护城河的，是与生俱来的，还是经过后天努力由管理层建立起来的，抑或是依赖于独一无二的某种资源，分析护城河的成因，对于我们判断企业的价值有着重要的参考意义。

（一）占据某种自然资源

占据某种自然资源的护城河又可以分为两种，一种为独特资源—高溢价类护城河，另一种为独特资源—低成本型护城河。护城河能够给企业带来更高的净利率，实现高净利率其实就两个方面，一方面是高溢价，导致企业的产品销售价格远远高于竞争对手，另一方面是低成本，在产品售价不可能大幅度提高的时候，由于企业的成本低廉而获得更高的净利率。

比如A股当中的著名高价股贵州茅台，是典型的独特资源—高产品溢价类型的护城河，离开了赤水河的水，离开了茅台镇就不能酿出茅台酒来，这是由其独特的自然资源决定的，如果在全国任何一个地方都能酿出同样的酱香型白酒，那么茅台的价格也不可能如此之高了，竞争对手也会越来越多，还有一个原因是品牌，茅台已经成为了一种符号，不再是简单的一个白酒品牌，同时也与产品的特性有一定的关系，白酒这种产品是非标准化产品，这种产品的好坏无法用指标量化，好坏全凭消费者的感觉，甚至于其本身就是一种心里的获得感。

比如A股当中的露天煤业，它的护城河就是开采成本低，这是因为天然的地理优势，露天煤炭的矿井，只要把草皮掀开，就可以挖煤了，完全不用竖井，更不用打巷道，地面以下几米的地方就可以出煤，而其他的煤炭企业，付出更多的投入，才能产出同样数量的煤炭，当然成本有着很大的差异，优势不是由于后天的管理层经营而取得的，而是企业天然就带有的地理优势。

（二）经过管理层不懈努力

经过管理层不懈努力才获得的护城河包括：品牌优势、生产规模优势、技术优势等。

可口可乐建立品牌优势的过程，就是一种典型的管理层经过后天努力创造出来的护城河。世界上第一瓶可口可乐于1886年诞生于美国，距今已有133年的历史。这种神奇的饮料以其不可抗拒的魅力征服了全世界数以亿计的消费者，成为“世界饮料之王”，甚至享有“饮料日不落帝国”的美誉，在很长的一段时间里可口可乐代表着美国的文化，其品牌价值长期位居世界第一。

在“二战”的时候，美国士兵给人的印象总是会拿着一瓶可口可乐，这跟世界上最成功的一次品牌推广是分不开的。伍德鲁夫（可口可乐第二任总裁，可口可乐历史上最具传奇色彩的领导人之一）第一个大的举动是于1927年成立了被他称为“海外事业部”的部门，也许是在政府设立外交部的启发之下吧。该企业后来被更名为可口可乐出口公司，办公地点设在亚特兰大，负责管理除美国、加拿大、古巴以外所有国家的可口可乐的销售和市场业务。这部分业务很快就成为了具有独立利益的一个强有力的组织，许多可口可乐的高层经理都从这里走向了辉煌。他们把可口可乐销售到全球150多个国家，把可口可乐打造成了全球最著名的美国产品，从布宜诺斯艾利斯的咖啡厅到尼罗河畔的部落，每一个角落都可以看到可口可乐的身影。

当美国政府由于珍珠港事件对日本宣战，并参加到了“二战”中后，伍德鲁夫也做出了另外一个历史性的决定。他手按胸口保证“每一个穿军装的人都可以花五美分买到一瓶可口可乐，不管在什么地方，不管企业会因此而付出多大的代价”。从此可口可乐成为了美国文化的代表。

显然可口可乐的这种护城河是经过几代管理层不断努力而获得的，并不是与生俱来的，需经过艰苦的后天努力。

四、护城河的优先度分析

尽管企业有各种各样的护城河，也可能每个企业的护城河都有所不同，但从护城河的获得与效果来说，也分为各种不同的类型，有的护城河很难被竞争对手模仿，对于本企业来说具有非常好的防守效果，而有的护城河很容易被对手超越而失去效果。

个人理解，最牢固的护城河为企业的网络效应护城河。比如微信的网络效应，这种护城河是相当牢固的，只要人们还在使用移动网络，还在进行社交活动，那么恐怕很难再有一种产品能够取代微信，这种优势不会因为某个人的习惯改变而改变。网络效应是当新增一个使用者时，所有使用者的价值都得到了增加。由于极为良好的用户体验，微信吸引人们去使用，吸引更多的人来互动。开发者、商户和广告商销售东西给用户，由此进一步产生更多的用户，这是一个非常良性的循环体系，这个体系会自我加强，自我正促进，这是网络效应护城河的最强大之处，其他的护城河很难自我加强。比如由于特殊资源而获得的低成本优势，仅仅是固有的，不会自我加强，并且这种自然资源总有耗尽的时候，一旦耗尽优势也就不存在了。

从消费者的角度来说，排名第二的护城河应该是高额的转换成本，这种成本更多的是指时间、精力方面的成本，比如软件就是典型的这类护城河的受益者，即使有一些软件并不是行业内最便于消费者使用的，但由于市场先入者已经占据了非常高的市场份额，消费者也已经习惯了这种使用方式，想要重新使用其他软件必须要经过漫长的学习过程，对于已经形成使用习惯的消费者来说，重新学习需要时间，同时还要付出精力，所以即使现在的软件不是最好的，也会与大家保持一致，继续使用它。

从护城河的强度来说，排名第三的应该是由于自然资源的不同而获得的低成本优势，这种优势是竞争对手无法通过其他途径获取的，是独一无二的，缺点就是随着时间的延续，资源会被消耗干净，一旦资源枯竭那么优势也就没有了。

排名第四的护城河应该是无形资产，如品牌、专利或法定许可等，在这些护城河里，专利与法定许可都是独家的，特别是专利，某个产品或者技术只有经专利权人许可才能予以实施。这是保护专利所有人权利的重要体现，当然专利的不足是有期限，专利过期之后自然这种利益就没有了，会面临着严重的同质化竞争。法定许可，一般出现在特殊行业里，比如银行或者烟草行业，这种护城河是相当牢固的，不会随着时间自我强化，但也不会减弱，而品牌的获得和维护需要付出大量的资金，即使这种护城河很宽阔，但由于获取与维护的成本很高，也不能认为是最优质的护城河，在护城河里排名中等。

从护城河牢固的角度来说，最弱的护城河就是技术，先进的技术确实可以在一段时间内让企业保持领先，但最终技术的宿命就是被新的技术所替代，没有哪种技术可以一直处于领先的地位，就拿出行方式来说，我们最先是步行，然后是骑马，后来有了火车、汽车，现在乘坐高铁与飞机，出行的时间大大缩短。随着技术的进步，我们看到马车制造商被淘汰了，在我国传统的低速火车也将在未来几年内被彻底淘汰，技术的进步是必然的，每一次技术的革新都意味着行业内的企业重新洗牌，有的企业抓住了技术进步的时机，重新焕发了生机，而一些企业由于错过了转型的时间窗口，被时代所淘汰。

五、护城河与估值的关系

判断企业的估值，是投资过程当中非常重要的一环，只有判断清楚了估值区间，我们才知道什么情况下可以出手买入股票，什么时候应该卖出，估值就是评估一个企业的价值，显然这种价值评估首先与企业的收入与利润规模正相关，同时也与企业的增长和护城河正相关。收入与规模越大的企业越能支撑一个高估值，增长速度越快的企业估值越高，护城河越牢固的企业越可以给出高估值。

所以牢固的护城河企业可以给高估值，这是因为企业的护城河越牢固，企业未来获得收益的确定性就越强，对于投资者来说，不确定性就是风险，我们宁愿给未来能够获得的收益一个较高的价格，这就是确定性可以高估值的成因。在考虑企业估值的时候，护城河是一个非常重要的参考因素。

第八章　估值方法及运用原则

一、估值的重要性

是不是经常会在电视上看到这样的评论，嘉宾说投资者应该精选个股，高抛低吸，当然这一般都是在总结的时候说的话，但如何高抛低吸，什么叫高抛低吸，为什么我们总是做不对，甚至还有可能会做反呢？

显然这里有问题没有解决，需要买与卖的问题很容易理解，那一定是高与低的问题没有解决，如何来判断高与低？依据是什么？靠什么来判断？高与低本身就是相对的，必须要有一个比较标准才能确定，这个比较标准就显得特别重要了。

确定高与低的标准，应该是按照估值来衡量，当然这个估值区间也会有所变动，不是一成不变的，随着市场大环境的变化，会有所升高或降低，熊市的时候所有的个股估值都会下降，牛市来了的时候，估值自然是会上升的，这也是一般规律。

只有判断清楚了个股的估值区间才有依据进行高抛低吸，否则抛与吸就是错误的，肯定不会有好的结果，如果按照图形去确定，显然也是依据错误，图形只会告诉你相对的高低，个股也许下跌了50%但估值依然很贵，也许已经上涨了50%但估值还是便宜的，显然这与上涨多少或者下跌多少关系不大，只与绝对估值有关系。

从这个角度来说，估值决定了买入价格，只有当股票价格低于正常的估值水平时，才是可以考虑的买入区间，如果没有了估值的参照，投资者根本就不清楚自己现在做的决策是否正确。

二、估值方法简介

企业估值是着眼于上市或非上市企业本身，对其内在价值进行评估。一般来讲，企业的资产及获利能力取决于其内在价值。

估值方法主要有以下几种：

（一）现行市价法

市价法是利用市场上同样或类似资产的近期交易价格，经过直接比较或类比分析以估测资产价值的各种评估技术方法的总称。

现行市价法的特点为相对比较公允，是真实成交评估出来的，价值相对来说变现更容易。

现行市价法要求有一个有效、公平的市场。有效是指市场所提供的信息是真实可靠的，评估参照物在市场上的交易是活跃的。而公平是指市场应该具备公平交易的所有条件，买卖双方的每一步决策都是在谨慎和充分掌握信息的基础上做出的，并且假定该价格不受不适当刺激的影响。

（二）收益现值法

收益现值法是通过估测被评估资产未来预期收益的现值来判断资产价值的各种评估方法的总称。

收益现值法的特点是会高估未来的收益，未来是不确定的，没有谁对未来的判断是100%准确的，因为经常性过于乐观，所以导致高估。

使用收益现值法的前提条件是：

（1）要能够确定和量化资产的未来获利能力、净利润或净现金流量；

（2）能够确定资产合理的折现率，对于收益可以量化的机器设备，可用收益现值法评估，如生产线、成套化工设备等。

（三）重置成本法

重置成本法是指首先估测被评估资产的重置成本，然后估测被评估资产业已存在的各种贬损因素，并将其从重置成本中予以扣除而得到被评估资产价值的各种评估方法的总称。

重置成本法的特点是成本往往是过去已经发生的事实，随着通胀等因素的变化，往往估出来的数据偏低，重新建设一个新企业和收购一个已经存在了相当长时间的企业是完全不同的两个概念。

重置成本法的计算公式是：被评估资产价值=重置全价-实体性陈旧贬值-功能性陈旧贬值-经济性陈旧贬值或被评估资产价值=重置全价×成新率

其中，重置全价是指被评估资产在全新状态下的重置成本。

（四）清算价格法

清算价格法是依据《中华人民共和国企业破产法》的有关规定，根据企业清算时其资产可变现的价值，评定资产重估价值的方法。清算价格一般是通过市场售价比较法来估算。

清算价格法适用的前提条件：

（1）具有法律效力的破产处理文件或抵押合同及其他有效文件。

（2）资产以整体或拆零在市场上可以而且必须快速出售变现。

（3）所卖收入足以补偿因出售资产的附加支出总额。

三、市盈率估值方法及运用

（一）市盈率（Price Earnings Ratio）的概念

市盈率也称“本益比”“股价收益比率”或“市价盈利比率”（简称市盈率）。市盈率是最常用的估值指标之一，由股价除以年度每股盈余（EPS）得出（以企业市值除以年度股东应占收益也可得出相同结果）。由于计算方法不同，又分为历史市盈率、预估市盈率等。计算时，股价通常取最新收盘价，而 EPS 方面，若按已公布的上年度 EPS 计算，称为历史市盈率（Historical P/E）；计算预估市盈率所用的 EPS 预估值，一般采用市场平均预估（Consensus Estimates），即追踪企业业绩的机构，收集多位分析师的预测所得到的预估平均值或中值。

何谓合理的市盈率没有一定的准则，或者说仁者见仁，智者见智，市盈率本身是一种主观的判断，股票现在成交的市盈率是整个市场妥协并且取得一致意见的结果，甚至于每一笔成交的市盈率都不一样，股票每天的市盈率也是不同的，它是动态变化的，最终是市场妥协的结果。

市盈率是某种股票每股市价与每股盈利的比率。市场广泛谈及市盈率通常指的是静态市盈率，通常用来作为比较不同价格的股票是否被高估或者低估的指标。用市盈率衡量一家企业股票的质地时，并非总是准确的，市盈率这个指标也有一定的局限性。一般认为，如果一家企业股票的市盈率过高，那么该股票的价格就有泡沫，价格被高估。利用市盈率比较不同股票的投资价值时，这些股票必须属于同一个行业，因为此时企业的每股收益比较接近，相互比较才有效。

（二）市盈率的特点

数据容易取得，由于市盈率本身是一个比值，不同行业的企业都可以计算出来这个比值，取得这样的数据非常容易，易于普通投资者操作和使用。

在计算市盈率的时候，我们使用了会计盈利这个数据，盈利这个数据相对于销售收入来说更有实质意义，毕竟对于企业来说，盈利才是有意义的，如果一个企业长期不盈利，显然是不可能令股东满意的，我们投资一个企业，本身就是作为它的股东出现的，如果一直无法实现盈利，还需要有持续的资本金投入，最终是不可持续的，唯一的结果就是走向破产。

注意事项：

不同行业的企业不能使用市盈率进行估值比较，市盈率尽管是一个非常容易计算出来的数据，每个行业的企业都可以计算出来，但不同行业之间相互比较的意义非常有限，在不考虑行业基本面的巨大差异的情况下单纯去比较市盈率，就像是比较橘子与苹果哪一个更甜一样，显然是没有道理的，橘子只能跟橘子比，苹果只能跟苹果比，所以在使用市盈率进行相对比较的时候，必须要选定一个比较标准，这个标准一定是客观的，是具有可比性的，这是使用市盈率的一个基本原则。

市盈率有的时候也会失真，因为在计算市盈率的时候，我们使用了每股收益（EPS）这个数据，而这个数据有时候会发生扭曲，比如一些企业会有一定量的一次收益，这种一次性的收益包括出售闲置的固定资产获得的收益，政府补贴获得的收益，也包括打官司赢了获得的赔款等，总之凡是一次性获得的收益均为一次性收益，这种收益在计算市盈率的时候必须要扣除，因为这种收益是不可持续的，不可能明年依然有打官司赢来的赔偿，企业也不可能年年都有闲置的固定资产可以处理。

在使用市盈率的时候，一定要注意必须使用每年完整的四个季度的数据，不是某些软件上使用的一季度数据乘以 4，也不是半年数据乘以 2，这样的计算方法都有严重误区，一些企业的经营有严重的季节性，比如第一季度收入和利润占全年的 50%以上，那么使用一季度数据乘以 4 来预估全年的数据就会有非常大的偏差，得出来的数据准确性就会大打折扣，会严重影响判断，同样半年数据乘以 2 的方法也不适用。

市盈率也有它的适用范围，并不是所有的行业都可以运用这种估值方法，比如强周期的个股，使用市盈率估值就会产生一些问题，当宏观经济处于极度萧条时，强周期的企业正处于经济周期的谷底，盈利情况非常差，甚至可能是亏损的，那么如何来计算市盈率，显然这个数据就无法得到了，那么这种估值方法也就不适用了，相对来说市盈率更加适用于经营比较稳定，周期性较弱的企业。

在使用市盈率估计一家企业的股票价格高低的时候，要选取一个比较标准，这个比较标准可以横比也可以是纵比，所谓横比就是与同行业的企业进行比较，这样可以确定企业在行业内的估值情况，是处于较高水平，还是处于可以接受或者较低的水平，这也是在二级市场上经常使用的一种比较方法，经常看的研究报告基本上都是使用这样的估值方法。另一种纵比就是用企业现在的市盈率与历史市盈率进行比较，确定企业目前的估值水平处于历史上的位置，是处于历史较高水平，还是历史较低水平，当然这种比较也有一个前提条件，就是企业的主营业务没有发生巨大改变，如果企业经过重组或主营业务已经发生了严重改变，本质已经不再是同一个企业，那么这种比较就没有意义了，又变成了橘子与苹果比了。

市盈率的数学意义在于，现在付出的价格是企业年度净利润的倍数，也就是说如果企业完全 100%分红，那么按着现在的盈利水平，多少年付出的本金才能够完全收回，比如市盈率是20倍，也就意味着现在付出的价格是企业当年净利润的20倍，如果企业100%分红，按目前的盈利水平要20年才能回本。这就是市盈率的基本含义。

（三）均值回归

均值回归是金融学的一个重要概念，是指股票价格、房产价格等社会现象、自然现象（气温、降水），无论高于或低于价值中枢（或均值）都会以很高的概率向价值中枢回归的趋势。这里指的均值回归是指市盈率的均值回归，不管股票的价格如何波动，向上或者向下，只要是大幅偏离市盈率的历史均值，那么一定会向着均值的方向回归，尽管这种回归可能会经历很长时间，但回归依然还是大概率会发生的。

我们利用正太分布原理，来判断股票的市盈率向均值回归的概率：

正态分布（Normal Distribution），也称“常态分布”，又名高斯分布（Gaussian Distribution），最早由棣莫弗在求二项分布的渐近公式中得到的，高斯在研究测量误差时从另一个角度导出了它，研究了它的性质，这是一个在数学、物理及工程等领域都非常重要的概率分布，在统计学的许多方面有着重大的影响力。

正态曲线呈钟形，两头低，中间高，左右对称因其曲线呈钟形，因此人们又经常称之为钟形曲线。

例如某地1993年抽样调查了100名18岁男大学生身高，其均数为172.70cm，标准差s=4.01cm，分别求X+-1s、X+-2s、X+-3s范围内18岁男大学生占该地18岁男大学生总数的实际百分数，并与理论百分数比较。计算结果见表8-1。

表8-1 男大学生身高抽样调查

X+-S	身高实际范围（cm）	实际分布人数	实际分布百分比（%）	理论分布百分比（%）
X+-1S	168.69~176.71	67	67	68.27
X+-2S	164.84~180.56	95	95	95.44
X+-3S	162.35~183.05	99	99	99.72

从实际统计的数据与理论分布情况来看，还是相当接近的，理论上正太分布如图 8-1 所示。

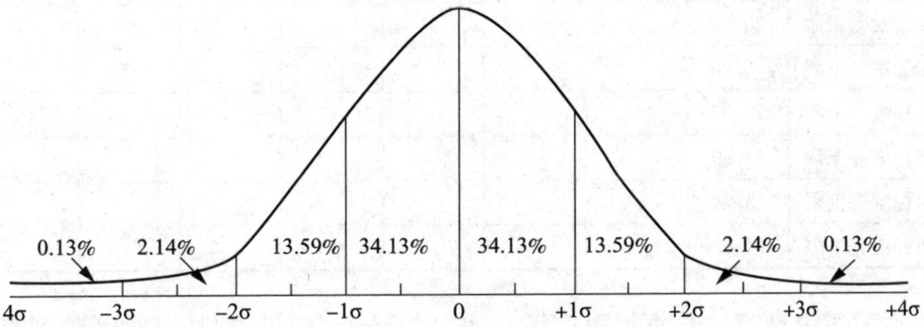

图 8-1　理论上的正态分布情况

全部数据分布于正负 1 倍标准差之内的概率为 68. 27%，分布于正负 2 倍标准差之内的概率为 95. 44%，分布于 3 倍标准差之内的概率为正负 99. 72%。

我们使用正太分布，是分别确定当准确率分别为 1 倍标准差、2 倍标准差及 3 倍标准时的买入区间，而 1 倍标准差、2 倍标准差及 3 倍标准时的买入正确概率分析为 68%、95%及 99%，也就是说如果当前的市盈率低于历史上的 3 倍标准差下限时，买入之后上涨的概率达到 99. 44%。而当股票的市盈率上涨超过 3 倍标准差上限的时候，股票价格下跌的概率达到 99. 72%。

（四）用市场盈率进行均值回归演算

我们选取一个经营稳定，没有发生过重大重组，并且上市超过七年的 A 股上市企业，用它的市盈率进行均值回归演算。

以上海医药为例进行计算，首先要提取数据，这里需要一个收盘价和年度的盈利数据，如表 8-2 所示。

表 8-2　上海医药相关数据

上海医药	2011	2012	2013	2014	2015	2016	2017	2018
收盘价	9. 89	10. 06	13. 69	15. 6	19. 02	19. 01	23. 82	17
每股盈利	0. 5883	0. 6675	0. 7688	0. 8037	0. 941	1. 088	1. 0583	0. 9374
年度市盈率	16. 81	15. 07	17. 81	19. 41	20. 21	17. 47	22. 51	18. 14
平均市盈率	18. 43	18. 43	18. 43	18. 43	18. 43	18. 43	18. 43	18. 43

续表

上海医药	2011	2012	2013	2014	2015	2016	2017	2018
标准差	2.27	2.27	2.27	2.27	2.27	2.27	2.27	2.27
1 倍标准差上限	20.70							
1 倍标准差下限	16.16							
2 倍标准差上限	22.97							
2 倍标准差下限	13.89							
3 倍标准差上限	25.24							
3 倍标准差下限	11.62							

通过以上计算的数据，可以看出来，如果上海医药在某一时刻跌到市盈率 11.62 倍以下，那么买入之后，它上涨的概率将达到 99.72%，而如果上涨到超过市盈率 25.24 倍，那么将来下跌的概率同样为 99.72%，如果上海医药在某一时刻跌到市盈率 13.89 倍以下，那么买入之后，它上涨的概率将达到 95.44%，而如果上涨到市盈率超过 22.97 倍，那么将来下跌的概率同样为 95.44%。

如果上海医药在某一时刻跌到市盈率 16.16 倍以下，那么买入之后，它上涨的概率将达到 68.27%，而如果上涨到超过市盈率 20.7 倍，那么将来下跌的概率同样为 68.27%。截至 2018 年底，上海医药的市盈率为 18.14 倍，处于七年来的均值附近，既不高估也不低估。从企业的性质上来说适合持有，而不适合买入。（这里作为案例讨论，不作为投资依据，股市有风险，入市需谨慎）

市盈率是目前市场上使用最为频繁、主要的估值方法之一，这种方法简单，数据容易取得，但在使用的时候，要注意市盈率本身是一个比值，这个比值如果没有比较基准，很难判断高与低，50 倍的市盈率从绝对值上来说已经很高了，但却不能判断目前这个股票的估值是高还是低，这要与它的历史市盈率以及同行业的市盈率进行比较，才能得出一个结论，同时市盈率的高低也与企业处的生命周期有关，当企业处于高速发展期时，自然可以给予更高的市盈率，而相反处于成熟或者衰退期的企业，却不能给过高的市盈率，即使是市盈率相同的企业，也要考虑业绩取得途径的不同，比如同样是 20 倍市盈率，盈利构成甲企业为营业净利润率 23%，净资产周期次数 0.8 次，权益乘数 1.7 倍，乙企业营业净利润率为 15%，净资产周期次数 0.6 次，权益乘数 3.48 倍，显然两个企业的市盈率是一致的，但业绩的获得方式有着很大的不同，甲企业的营业净利润率要明显高于乙企业，而乙企业的权益乘数则明显要高一些，从保守的角度来说，这样的情况下肯定还是选择甲企业为好，因为过高的权益乘数，意味着企业有很高的财务杠杆，杠杆永远是一把双刃剑，在经济景气的情况下会放大收益，在经济不景气的情况下也会加大亏损。

从整个市场来说，市盈率应与基准利率挂钩。基准利率是人们投资收益率的参照系数，也反映了整个社会资金成本的高低。一般来说，如果其他因素不变，基准利率的倒数与股市平均市盈率存在正向关系。如果基准利率低，合理的市盈率可以高一点，如果基准利率很高，合理的市盈率就应该低一些。

四、市净率

（一）市净率综述

市净率指的是每股股价与每股净资产的比率，可用于股票投资分析，一般来说市净率较低的股票，投资价值较高，相反，则投资价值较低。

市净率的计算方法是：

$$\text{市净率} = P/BV$$

其中，P 为每股市价，BV 即 Book Value 每股净资产。

股票净值即企业资本金、资本公积金、资本公益金、法定公积金、任意公积金、未分配盈余等项目的合计，它代表全体股东共同享有的权益，也称净资产。净资产的多少是由股份公司经营状况决定的，股份公司的经营业绩越好，其资产增值越快，股票净值就越高，股东所拥有的权益也越多。

市净率的数学意义为，现在买入股票，意味着花了多少元钱买入了价值 1 元的上市企业的净资产。例如：现在买入的 A 股的市净率为 4，说明花了 4 元钱买了价值 1 元的 A 企业的股票。

市净率意味着股票价格相对于企业的净资产的比率。因此，市净率低意味着投资风险小，万一上市企业倒闭，清偿的时候可以收回更多成本。所以，市净率低好。当然这仅仅是一般情况下的比较，这种比较相对简单，同时也忽略了许多其他因素，比如同样是市盈率为 3 的甲乙两个企业，甲企业的应收账款为净资产的 10%，而乙企业的应收账款为净资产的 30%，显然真实的意义有所区别，在考虑市净率的时候，也要结合企业的资产质量、盈利能力、经营状况等来确定。

市净率本身是一种比较保守的估值方法，使用这种方法的人认为固定的盈利或者现金流是短暂的。他们认为能指望的是企业当前的有形资产的价值，这里的有形资产是指看得见的资产价值，如设备、土地、厂房、现金、债券和产品，当企业破产清算的时候，只能寄希望于从这些资产的净值当中获得一定的补偿。

特点及适用范围：市净率特别在评估高风险企业，企业资产大量为实物资产的企业时受到重视，如银行业、强周期性行业（煤炭、钢铁、水泥、有色金属）等，不适用于由无形资产产生收益的企业。

银行业由于其经营资产的特殊性，所有账面上的资产都是以现金的形式存在的，并且银行都有非常高的经营杠杆，对于这种高风险的企业，估值的方法必然会非常保守，故选择市净率是相对合适的。当使用市净率估值的时候，也必须要考虑资产的质量高于行业平均水平时可以给一个略高的市净率，当资产质量较低的时候给一个较低的市净率，资产的质量高低可以参考总资产收益率这个指标，或者表述为，总资产收益率高的企业可以给高市净率而总资产收益率低的企业，只有给较低的市净率。煤炭、水泥、有色金属等资源类的个股，由于周期性强，盈利波动性大，经济周期谷底与顶峰的时候盈利水平可能相差数倍之多，而净资产相对比较稳定，此时使用市净率估值更加合理。

同时我们也要认识到净资产是一个静态的概念，由于经营情况的不同，净资产也会增加或者减少，企业巨亏会导致净资产大量减少。

市净率的核心意义就是投资者使用了多少倍于上市企业净资产的价格买入了上市企业 1 元的净资产，这个比率的高低取决于买入的资产质量，买的资产质量越高则可以给出一个更高的市净率，相反则只能给一个较低的市净率，使用市净率做比较的时候，也只能与同行业进行比较，跨行业的比较意义非常有限，市净率更合适于净资产投入总量大的行业如钢铁、水泥、煤炭、有色金属、整车装配等行业，同时银行业等金融行业由于存在着非常大的经营杠杆，也主要使用市净率进行估值。

（二）重置成本与市净率的关系

重置成本是指资产按照现在相同或者相似资产所需支付的现金或现金等价物的金额计量；负债按照现在偿付该项负债所需支付的现金或者现金等价物的金额计量。

重置成本是一种现行成本，它和原始成本在资产取得时是一致的。之后，由于物价的变动，同一资产或其等价物就可能需要用较多或较少交换价格才能获得。因此，重置成本表示当时取得同一资产或其等价物需要的交换价格。这种交换价格应该是从企业资产或劳务市场获得的成本价格，而不是从企业正常经营过程中出售其资产或劳务的市场中的销售价格。

重置成本是现在时点的成本，它强调站在企业主体角度，以投入到某项资产上的价值作为重置成本。在实务中，重置成本多应用于盘盈固定资产的计量等。例如，企业在年末财产清查中，发现全新的未入账的设备一台，其同类固定资产的市场价格为40000元，则企业对这台设备按重置成本计价为40000元。

考虑重置成本，这是因为从产业从业者的角度说，更注重重置成本，当一个企业的总市值下跌到企业重置成本以下时，自然就有业内资本来买入企业的股票，这非常好理解，这种业内人士买入股票的动机是如果现在从零开始，重新建立一家与现在的上市企业相当的企业，应该投入多少成本，要是投入的成本已经明显高于现在已经存在的上市企业的市值，那么当然是直接买入现在的企业更划算，一个已经成功运营了三五年的企业，与一个刚刚成立一个月的企业的价值显然是不能同日而语的，成功运营了三五年的企业内部，通过几年的磨合，已经相当默契，部门之间的配合也已经很熟练，从外部来说，不管是上游供应商，还是下游产品销售的渠道商都已经建立了合作，显然这样的企业价值会更高一些，如果现在的市值与重新建立一家企业相当，自然是优先选择已经存在的企业。

这种重置成本，是许多产业资本优先考虑的因素，特别是对于那些重资产类的行业，其中煤炭、水泥等表现得更为突出，当市场出现极端情况，导致股票价格大幅度下跌甚至跌破净资产的时候，这也是一个可以考虑的维度。

五、市销率估值方法及运用

市销率（Price-to-Sales，PS）是总市值除以主营业务收入或者股价除以每股销售额。通常来讲市销率越低，说明该企业股票目前的投资价值越大。

收入分析是评估企业经营前景至关重要的一步。没有销售，就不可能有收益。这也是最近一些年在国际资本市场新兴起来的市场比率，主要用于创业板的企业或高科技企业。在 NASDAQ 市场上市的企业不要求有盈利业绩，因此无法用市盈率对股票投资的价值或风险进行判断，而用市销率进行评判。同时，在国内证券市场运用这一指标来选股可以剔除那些市盈率很低但主营业务没有核心竞争力，主要是依靠非经营性损益而增加利润的股票（上市企业）。因此该项指标既有助于考察企业收益基础的稳定性和可靠性，又能有效把握其收益的质量水平。

（一）市销率的优点

1. 不会出现负值

对于亏损企业和资不抵债的企业，也可以计算出一个有意义的价值乘数。这与市盈率不一样，当盈利为负的时候，我们计算出来的市盈率就是负值，然而负值在做比较的时候是没有意义的。

2. 比较稳定、可靠，不容易被操纵

相对来说销售收入的数据更加真实，从经营者的角度来说每一分收入都要交税，从财务舞弊的成本来说，销售收入舞弊的成本是相当高的，并且销售收入数据相对利润来说也更容易被投资者获得，而利润是最容易被上市企业管理者粉饰的。

3. 可以反映价格政策和企业战略变化的后果

当企业发生变化的时候，最先反映在财务数据上的就是销售收入的变化，而销售收入的变化又常常是因为发展战略或者价格策略发生了变化，也正因如此，从估值的角度来说，最先反映出这种变化的就是市销率。

（二）市销率的缺点

1. 不能反映成本的变化

也就是说市销率只是反映了市价相对于每股销售额的比率，但却忽视了销售的质量，显然如果为了获得销售额而付出的成本过高，极端情况下可能会出现为了获得销售额而付出超过单位销售额的成本，那么这种销售额本身是不会带来利润的，相反销售额越大，企业的亏损越多。

2. 只能用于同行业对比

这个道理非常简单，由于不同行业之间的获利模式有着非常大的区别，自然只能适用于同行业之间的比较，无法跨行业进行比较。

3. 不能剔除关联销售的影响

关联销售，其实也关联销售的质量问题，这种关联销售并一定是真实的市场需求，有可能夸大了企业的销售额，但并不能带来利润（当然由于手段或者某种特殊的需要，也有可能会大幅提高收益），这样的销售额应该予以惕除。

与任何一种估值方法一样，市销率也有它的使用范围，一般来说市销率适用于一些毛利率比较稳定的行业，比如公用事业、商品零售业等。

肯尼斯·费雪（Kenneth L. Fisher）在1984年的著作《超级强势股》中详述了他关于市销率的发明和实证的理论工作，他是菲利浦·A. 费雪的儿子，而菲利浦·A. 费雪是《怎样选择成长股》的作者，也是成长型价值投资的开创者。

肯尼斯·费雪认为，市盈率这个指标的最主要问题在于，即使是一家非常好的企业，它的利润也可能每年波动。比如某一年决定更换机器设备，资金投入技术研究以帮助企业在未来增加盈利能力等，或者财务记账方法都可能把上一个季度的盈利转为下一个季度的损失。

因此，真正判断一家企业长期是好是坏的应该是销售额。在利润经常波动的情况下，他发现销售情况更加稳定。当然，市销率越低，说明该企业股票目前的投资价值越大。

由于市销率是市值与销售收入之比，所以它的核心是注重销售额。从企业管理的角度来看，销售额代表着企业经营的状态和发展的规模，也就是这家企业从经营上来看到底是怎样的。相对于从净利润角度来看，这个指标更加注重企业的发展变化，也就是更能让投资者从“生意”的角度来看待问题。

如果市销率低，说明为获得销售收入支付的成本低；如果市销率高，说明为获得单位销售收入支付的成本高。

相对而言，市盈率指标直观地反映了市场对企业成长性的评价。然而，鉴于企业净利水平通常都处于不断波动之中，甚至有时候出现亏损，此时单凭市盈率来估值有失偏颇。而且不同行业的内在商业模式也决定了需要多种估值指标的配合。

六、现金流折现的估值方法及运用

现金流折现的估值方法本身是绝对估值方法的一种。在 60 多年前，经济学家欧文·费雪给出了答案：股票的价值等于它未来现金流的折现值，不多也不少。绝对估值方法是指：通过对上市企业历史及当前基本面的分析和对未来反映企业经营状况的财务数据的预测，获得上市企业股票的内在价值。

（一）现金流折现定价模型

现金流折现定价模型目前使用最多的是 DDM 和 DCF，股利折现模型（DDM）和自由现金流折现模型（DCF）采用了收入的资本化定价方法，通过预测企业未来的股利或者未来的自由现金流，然后将其折现得到企业股票的内在价值。

DDM 是将企业未来发放的全部股利折现为现值来衡量当前股票价格高低的估值模型。其公式为：股票价值=每股股利÷（折现率-股利增长率）。在实际使用中，由于以前中国上市企业分红的“觉悟”不高，因此对企业未来发放股利的预测难度很大；另外是对公式中的折现率的选择也较难确定，且这些变量的任何微小变动都会导致最后数据的大幅波动。不过，对于那些股利发放政策稳定的收益型行业企业或防守型行业企业，DDM 可以成为主要的估值标准。

自由现金流是指企业税后经营现金流扣除当年追加的投资金额后所剩余的资金。自由现金流=经营性现金流-所得税-资本开支-现金股利

如果一家企业自由现金流长期充沛，说明企业有足够的可以支配的财务资源，可以用于扩大再生产，或者以现金股利方式回报股东，所以专业投资者非常看重这一指标。

绝对估值的作用：股票的价格总是围绕着股票的内在价值上下波动，发现价格被低估的股票，在股票的价格远远低于内在价值的时候买入股票，而在股票的价格回归到内在价值甚至高于内在价值的时候卖出以获利。

现金流折现法的计算步骤：

第一，预期企业未来存续期各年度的现金流量；第二，要找到一个合理的公允的折现率，折现率的大小取决于取得的未来现金流量的风险，风险越大，要求的折现率就越高。

具体做法是：假设企业会快速成长若干年，然后平稳成长若干年（也有人算成永续成长），把未来所有赚的自由现金流，通常要预测 15~30 年，用折现率折合成现在的价值。这样，股票目前的价值就计算出来了。一般计算方法如下：

企业的价值=前十年的自由现金流总和+永续经营价值

自由现金流：企业通过把资本投出去产生收益，一些收益补偿了营业费用，另外一些用于企业的再投资，其余的就是自由现金流。记住，我们应该关注自由现金流，因为它是每年能够从企业中拿出来而不损害经营的资金。一家企业可以通过各种方式运用自由现金流。可以以股息的方式支付给股东；或回购股票来提高每一位股东的所有权百分比；或把自由现金流保留下来，并把它投资在企业业务中。

为什么未来现金流没有当期现金流值钱？因为现在的钱你可以投资出去

赚取某种利润（钱生钱）；有可能我们永远也无法得到未来的现金流，因为风险的缘故。这就是“风险溢价”。

政府会为它们的债券支付给我们利息，而市场上没有多少现金流像政府的债券那样保险，所以我们需要加上一个额外的溢价，来补偿我们可能永远收不到但已经承诺给我们的现金风险——政府债券利率加上风险溢价。

（二）折现率

如果你有一个为期两周的假期，但是你的老板在最后一刻让你把假期延迟一年，你会向你的老板要求追加一些天数作为延迟的补偿。换句话说，今年的 5 天休假等于明年的 6 天休假，你心里对休假的折现率是 20%（6 天-5 天）/5 天。如果你认为再增加一天也不会让老板生气的话，也可以要求明年增加 2 天假期，这样你心里的折现率就是 40%（7 天-5 天）/5 天。

可以看到，投资者往往以一个很低的折现率来折现那些盈利稳定企业的未来现金流，因为他们相信那些企业未来现金流出现风险的可能性很低。相对于承诺未来某一时点收益率会很好的企业，一个理性的投资者更愿意为一家现在就有利可图的企业支付更多。

期限和不确定性（风险）对现值的影响很大。收到现金流所需的时间越长，实际收到现金流的不确定性越大，该现金流的现值越低。

折现率包含三点：现在的钱比未来的钱值钱；未来的钱是有风险的，有可能我们永远不会收到未来的现金流；未来不确定的企业的折现率更高，因为它未来现金流不能实现的可能性更大。相反，盈利稳定、可以预期的股票具有较高的估值，因为它们未来现金流出现风险的可能性较低。

风险高的企业特征是低折现价值，高折现率，这也是为什么我们在判断估值的时候，高风险的企业要给低估值的重要原因。

周期性企业的 10 年折现，要比稳定性企业的 10 年折现低。因为稳定性企业是更可以预测的。

周期性企业在某些年以 20% 的速度增长，而在另外一些年份里增长率就减低很多了，这就使投资者感觉到它是一项风险较高的投资，给股票估值时就使用了较高的折现率（风险溢价），结果折现的现值就比较低。

所以，现金流的现值取决于数量、时间期限长短和企业未来的风险三个条件。

如果不同风险的企业，十年能保证赚到相同的自由现金流。尽管它们数额相同，由于折现率不同，折现率越高，未来获得相同财富现在所需的投入就越低，所以折现率最高的风险性企业现值最低。

如果使用10%作为折现率，未来一年获得的100美元现金流的现值就等于100/(1+10%)，是90.91美元。未来两年获得的100美元的现值$100/(1+10\%)^2$，是82.64美元。可以看出：折现率刚好是利率向后倒算。

如果我们用r表示折现率，第n年的未来现金流的现值CF，也就等于$CF/(1+r)^n$。

那折现率是由什么因素决定的呢？我们怎么知道到底是使用7%还是10%来折现呢？上面讲过，除了机会成本或时间期限的因素外，最大的决定性因素是风险。不幸的是，没有办法来精确计算准确的折现率，因为风险是一个很难准确测量的因素。但在这里需要知道：实际上当利息率增长的时候，折现率也要增长。对于利息率，可以用长期国债的平均利率来做一个合理的替代（使用这个国债的利率，表示的是机会成本，因为可以确定我们一定会得到政府承诺的，到期会支付给我们利息）。在2003年中期，美国10年期债权的平均收益率大约是5.5%，我们就使用这个利率，你也许会喜欢使用5%或6%的利率来表示机会成本。

一家企业的风险水平，可以通过观察企业股票的波动相对于市场波动的大小简单估计出来。传统的风险定义认为，如果一家企业的股价突然从30美元跌到20美元，这只股票已经开始变得更有风险了，而我们一般认为，股票便宜比股价高更是相对降低了风险的（前提是假设企业的核心业务没有发生戏剧性变化）。一家企业的风险是由我们预期企业产生现金流的可能性决定的。

综上所述，应该怎样把所有的这些风险加权体现在一个折现率里呢？没有标准的答案。给折现率赋值不是一个精确的科学，对一家企业来说没有“准确”的折现率。

（三）计算永续年金价值（Perpetuity Value，PV）

永续年金价值=［CFn（1+g）］/（r-g）

其中，CF 表示估计的最后现金流，g 表示期望的现金流的长期增长率，r 表示折现率。

假设我们用一个 10 年的折现现金流模型对一家 11%折现率的企业进行计算。我们估计这家企业的现金流将在第 10 年达到 10 亿美元，之后它的现金流将以固定的 3%年增长率增长。当然也可以使用 2%，一般来说这个数字可能会与本国 GDP 增长率大致相当。

第 11 年的现金流=10 亿美元×(1+3%的年增长率)= 10. 3 亿美元。

11%的折现率减去 3%的长期增长率是 8%。

所以，该企业的永续年金价值（CF)= 10. 3/8%=128. 8 亿美元。

这些现金流的现值 PV 是多少呢？因为折现率 r=11%，n=10 年，所以永续年金的现值 $PV=128.8/1.11^{10}=45.36$ 亿美元。

现在，把所有年份的折现值相加起来，第一年到第十年的折现值，加上永续年金的折现值。然后除以股份数，就得到估值的股票现价。

简单的 10 年估值模型：

（1）预测下一个 10 年的自由现金流（FCF），把这些未来自由现金流折现成现值。

$$折现\ FCF=那一年的\ FCF/(1+r)^n$$

其中，r 为折现率，n 为被折现的年份数。

（2）计算永续年金价值，并把它折现成现值。

永续年金价值=[FCF10×(1+g)]/(r-g)

其中，FCF10 为第 10 年这一年的自由现金流数额。

$$把永续年金价值进行折现=永续年金价值/(1+r)^{10}$$

（3）10 年折现现金流之和加上永续年金折现现金价值来计算全部所有者权益价值。

所有者权益价值合计=10 年折现现金流之和+永续年金折现

（4）每股价值=所有者权益价值合计/股份数

现金流折现在实际应用中的问题是：①未来若干年的现金流量如何定量？没有人能准确地预估将来的事情，自己的事情都很难预估，更何况别人的事情？明天的事情都很难预估，更何况明年的事情甚至10年后的事情？②折现率如何确定？即使对未来10年的现金流预估正确了，但只要折现率选择的不当，净现值的计算就难达理想的效果。由于企业的折现采取的是复利计算，所以，即使折现率只有1%的差异也将导致企业现值巨大的差异。

模型的结果还是依赖于设定的参数。为什么快速增长率是20%而不是10%？为什么永续增长率是5%而不是3%？为什么折现率是9%而不是12%？为什么要设定企业快速增长10年而不是20年？为什么要假定企业永续增长，而不是享有一个企业的平均寿命？自由现金流折现估值模型涉及过多的主观判断，因此，企图精确估值是很难做到的。我们的分析师经常把具体股票的估值精确到分，显然这是一个“精确的错误”。

现金流折现估值法（DCF）适用于那些现金流可预测度较高的行业，但对于现金流波动频繁，其准确性就会降低。由于对未来十几年现金流做准确预测难度极大，DCF较少单独作为唯一的估值方法来给股票定价。从简单投资的角度来说，现金流折现这种方法实在是太复杂了，如果数学差一点，真的很难计算清楚，并且未来的自由现金流很难预测，折现率也很难确定，这两个变量对于最终结果的影响是巨大的，那么显然你无法用这套模型计算出正确的结果。

七、股息率估值方法及运用

股息率（Dividend Yield Ratio），是一年的总派息额与当时市价的比值，该指标是投资收益率的简化形式。股息率是每股股息与股票价格之间的比率。

股息率其实非常好理解，类似于股票成为了一种定期存款，而每年发放的股息就成了存款的利息。衡量一个企业的股息率高低，连续多年年度股息率超过1年期银行存款利率，则这只股票基本可以视为收益型股票，不管是存款还是股票，都是投资的一种形式，本身存款基本上可以看作无风险收益，当然股息率越高越吸引人。决定股息率高低的不仅是股利和股利发放率的高低，还要视股价来定。例如两只股票，A 股价为 10 元，B 股价为 20 元，两家企业同样发放每股 0.5 元股利，则 A 企业 5%的股息率显然要比 B 企业 2.5%的股息率诱人。

从确定性的角度来说，股息是 100%拿到手里的收益，是现实的，是确定性最强的，公元前 600 年的智者伊索对投资就论断："手里的一只鸟值灌木丛里的两只鸟"。当无法判断灌木丛里真的有鸟？它们何时出现？那里到底有多少只鸟？那么合理运用无风险收益，以及企业未来可能带来的现金流、利润、股息这些信息，就应该从常识的角度判断，是否手里的一只鸟值灌木丛里的两只鸟，或者某只股票是否值得拥有。

股息率的计算公式：

$$股息率=D/P\times 100\%$$

其中，D 为年度股息，P 为买入股票的价格。

从投资者的角度来说，当然是股息率越高越好，股息率越高意味着分到投资者手中的红利越多，我们的投资收益也就越高，甚至完全可以把股票当成一种定期存款，每年的分红就是利息，而完全不在意股票价格的波动，只取得分红收益就已经非常满足了。当然这只是理想状态，一般来说，如果企业的股息率能够超过 10 年期国债的收益率，就已经相当优秀了，证券市场的衡量标准为连续多年股息率超过 1 年期定期存款利率，就可以认为是稳定收益型的股票，把投资资金放到股票上，就已经明显好过银行存款了。

八、PEG 估值方法及运用

PEG 指标（市盈率相对盈利增长比率）是用企业的市盈率除以企业的盈利增长速度乘以 100。PEG 指标（市盈率相对盈利增长比率）是在 PE（市盈率）估值的基础上发展起来的，它弥补了 PE 对企业动态成长性估计的不足。其计算公式是：

$$PEG=PE/（企业年盈利增长率\times 100）$$

粗略而言，PEG 值越低，股价遭低估的可能性越大，这一点与市盈率类似。须注意的是，PEG 值的分子与分母均涉及对未来盈利增长的预测，出错的可能较大。计算 PEG 值所需的预估值，一般取市场平均预估（Consensus Estimates），即追踪企业业绩的机构收集多位分析师的预测所得到的预估平均值或中值。此比率由 Jim Slater 于 20 世纪 60 年代发明，是他投资的主要判断准则之一。

相对来说 PEG 是最激进的估值方法，因为在 PEG 的计算当中，分子与分母两个值都是我们预测的，从确定性来说降低了许多，在现实生活当中，我们预测一个数值还经常性地出错，更何况要预测两个数据，这是它的风险所在。

PE 仅仅反映了某股票当前价值，PEG 则把股票当前的价值和该股未来的成长联系在一起。比如一只股票当前的市盈率为 20 倍，其未来 5 年的预期每股收益复合增长率为 20%，那么这只股票的 PEG 就是 1。当 PEG 等于 1 时，表明市场赋予这只股票的估值可以充分反映其未来业绩的成长性。

如果 PEG 大于 1，则这只股票的价值就可能被高估，或市场认为这家企业的业绩成长性会高于市场的预期。

通常来说，那些成长型股票的 PEG 都会高于 1，甚至在 2 以上，投资者愿意给予其高估值，表明这家企业未来很有可能会保持业绩的快速增长。

当 PEG 小于 1 时，要么是市场低估了这只股票的价值，要么是市场认为其业绩成长性比预期要差。通常价值型股票的 PEG 都会低于 1。投资者需要注意的是，PEG 不能单独使用，必须要和其他指标结合起来，这里最关键的还是对企业业绩的预期。

由于 PEG 需要对未来至少 3 年的业绩增长情况做出判断，而不能只用未来 12 个月的盈利预测，因此大大提高了准确判断的难度。事实上，只有当投资者对未来 3 年以上的业绩做出比较准确的预测时，PEG 的使用效果才会体现出来，否则反而会起误导作用。此外，投资者不能仅看企业自身的 PEG 来确认它是高估还是低估，如果某企业股票的 PEG 为 1.2，而同行业企业股票的 PEG 都在 1.5 以上，则该企业的 PEG 虽然已经高于 1，但其价值仍可能被低估。

九、总市值法

前面我们介绍了许多种估值方法，有市盈率、市净率、市销率等，但这些方法都是出于对股票某些方面的判断，而没有一个总体的轮廓，总市值法是评估一个企业未来能够达到总市值的大小，从大的方向上来说，总市值更加直观，从宏观上判断一个企业的量级，比单纯的市盈率、市净率站在了一个更高的高度。

总市值=股价×总股本=市盈率×每股盈利×总股本=净利润×市盈率

显然在市盈率不变的情况下，净利润越高，总市值越大，这也是我们做价值投资最根本的保障，或者说为什么我们要去判断未来企业的发展情况，其实就是判断未来企业收入与利润的变化情况，如果未来收入与利润不再增长了，那么即使再用心，企业的总市值也不会有大幅度增加，我们的投资也就没有了依据。

从企业的另一个角度来说，总市值的增加，也有赖于市盈率的变化，当市盈率变大的时候，总市值也会增加，这就是短期股票价格大幅波动的原因，比如几个月的时间总市值增加了十倍，显然这是不可能完成的任务，更多的是市盈率的变化，这种短期市盈率的剧烈变化，核心还在于市场供求变化的变化，当供不应求的时候，市盈率就会大幅度地提高，这也会导致总市值的大幅度增长，但这种增长是不可能持续的，并且短期虚高之后，还会回落到它的正常水平附近，只是这种回落可能会持续相当长的时间，而且如果买入的价格特别高，即使企业的利润有连年的增长，可能总市值也不会增加，我们的投资依然还是不赚钱的，这也是为什么要强调买入的估值水平必须处于合理估值以下的原因，买入价格过高，将很难获得投资的成功。

从总市值的公式能够清晰地知道，只有净利润增加了，总市值才有可能持续增加，那么对于投资者来说，我们要做的工作就变得非常简单了，因为市盈率不是我们能够控制的，我们只能去判断净利润，在确保总利润增长的情况下，以尽可能低的市盈率去买入企业的股票，那么我们赚钱的概率就增加了许多，这也是我们要做估值的核心所在。

只有净利润不断增长，我们才有可能赚到钱，如果企业净利润不再增长或者负增长，那么后果不容乐观，从净利润的公式可以得到这样的结论，要想增长净利润，要么在总收入不变的情况下去减少总支出，要么在控制总支出增长速度的情况下增加总收入，显然只能这两种情况才能使净利润增长。从长远来看只有总收入持续增加，并且总支出的增长速度小于或者等于总收入的增长水平，总利润才会持续增长，这也是最为健康的一种增长方式，也就是开源型的增长，而另一种依靠降低总支出来增加净利润的节流型增长是不持续的，因为总支出即使压缩到极致也不可能变成零，企业运行总是会有成本的，所以压缩开支只能在短期内取得效果，但很难维持长期的净利润增长。

在增加收入的同时要保持利润增长，这就是护城河的作用，只有相当有效的护城河，才能保护企业的经济利益不受侵蚀。这样整个投资的思路就已经理顺了，要投资股票赚钱，就是要判断上市企业未来的总市值能够增加，总市值增加的前提条件是买入的估值水平不能太高，同时要能够判断企业未来的净利润会持续增加，企业要在控制总支出增长率的情况下增加总收入，要保护利润不受侵蚀。

不同类型的企业，能够达到的总市值规模是有限的，比如生态型的企业能够达到万亿的市值规模，而平台型的企业可能只有千亿市值的规模，产品型的企业恐怕只有是百亿市值的量级，这是与企业的基本模式相关的，当一个企业的总市值明显高于这类型企业的估值极限时，我们可以更清楚地知道企业已经被严重高估了。

十、估值的总体原则

本章我们对估值方法进行了一些讨论，当然市场当中估值的方法也有很多，不同的投资者喜欢使用不同的估值方法，总体上有一些原则还是应该遵守，这些原则包括确定性原则、增长率原则、行业性生命周期原则等。

（一）确定性原则

这是在判断企业价值时最重要的原则之一。投资的风险从一定的角度来说其实就是不确定性，企业发展的不确定性将导致投资者在买入股票的时候会打比较大的折扣，要求一个比较低的价格，一个比较高的回报性。对于确定性强的企业可以适当给予一定的估值溢价，或者说为了获得确定性的回报，我们可以适当给高一点的价格。

（二）增长率原则

是指在同样的市场条件之下，增长率越高的企业可以给更好的估值水平，比如两个企业一个年增长20%，另一个年增长40%，那么显然在其他条件大致相当的情况下，增长率更高的企业可以给更高的估值，同时也要参考企业的资本再投入与面临的风险。资本再投入是指为了维持企业的增长必须要投入的资本金，如果这些资金再投入，企业的增长率将受到影响，这种资本再投入高的企业应该给更低的估值，同样风险更大的企业应该给更低的估值，从判断估值的角度来说，增长率是核心，而在增长率确定的基础上，参考资本再投入与风险水平来具体确定估值，增长率确定的是区间的概念，资本再投入与风险是在区间内的小级别调整。

（三）行业性生命周期原则

通常，每个行业都要经历一个由成长到衰退的发展演变过程，即行业的生命周期。行业的生命周期可以分为导入期、成长期、成熟期和衰退期。

对于A股的上市企业来说，通常处于导入期的企业基本上是没有的，但处于成长期、成熟期与衰退期的企业却屡见不鲜，数量庞大，企业处于不同的生命周期，我们使用的估值方法自然是不一样的。

对于成长期的企业，本身处于高速成长当中，这种高速成长会表现为客户数量的快速增加，销售收入的快速增长，但不见得会有非常高的利润，甚至可能由于高速增长会有大量投入，净利润还是亏损的，这样的情况下使用净利润显然是不合理的，更多的应该参考企业的客户数量，行业的最终市场

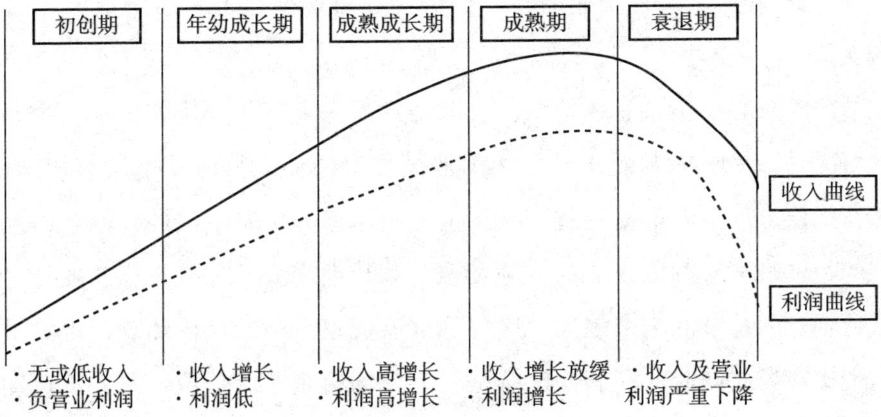

图 8-2　企业的生命周期

容量以及企业的市场占有率来估值，对于利润不必过度看重，这个时期的企业，就像是一个在初高中时期成绩非常优秀的孩子，现在他还不能参加工作，不能产生自由现金流，还需要家长不断地投入，但他大概率会考入一所名牌大学，将来会有一个比较好的工作，自然也会产生较好的现金流，那个时候才能体现他的价值。

对于成熟期的企业，收入与利润都已经达到了一定数量级，并且极有可能出现利润增长远远快于收入增长的状况，这是因为企业已经不再需要更多的资本投入，前期的投入已经足够，那么收入转化为利润的比例增加，导致利润的增长速度更快，这个时期的估值应该主要参考利润，当然随着收入放缓到达不再增长的时候，企业的利润也将达到最大化。这个时候企业的价值也随之达到最大化，这一时期的市场增长率不高，需求增长率不高，技术上已经成熟，行业特点、行业竞争状况及用户特点非常清楚和稳定，买方市场形成，行业盈利能力下降，新产品和产品的新用途开发更为困难，行业进入壁垒很高。企业的估值也达到比较稳定的状态。

衰退期的企业收入开始缓慢的减少，减少的初期也许利润的变化不明显，但随着需求的减弱，未来的收入越来越少，必然会影响到利润，行业陆续有一些竞争力较弱的企业破产或者退出，行业总体产值连年减少，这个时期，对于二级市场投资者来说参与投资的必要性就比较小了，除非从破产清算的角度来说，企业的破产价值还在总市值以上，否则最好还是不参与为好。

估值的核心还是做业绩预测，也就是判断未来几年，比如三年，企业业绩的情况，如果不能判断未来几年的业绩情况，那么估值就是没有依据的，当然在估值方法里面也提到过，不同企业的估值方法是不同的，但有一点是相同的，就是都要判断企业的业绩情况，从长期来看，只有更高的业绩，才能支持企业的总市值越来越大。这也是价值决定价格的具体体现，价值是企业从现实市场上创造的利润，价格是股票市场给企业的估值，两者从长期来看是正相关关系，并且时间越久这种相关的系数越大。

十一、估值与流动性的关系

什么是流动性？就是如果现在拿着这个企业的股票到市场里喊一声要出让，能够马上以某个价格转让出去，那么这就是流动性，而这个价格，是这个企业真正的估值。

流动性与估值本身就是一对孪生兄弟，只有充足的流动性，股票的价格才更加公允，更加真实，流动性更高的市场，股票可以给更高的估值，就好比 A 股与 H 股一样，两地同时上市的企业，同样的股票，但估值可以相差很多，一定程度上也与流动性有关，从换手率的比较可以看出 A 股市场的交易更活跃，流动性更强，美国的市场去年平均换手率 1. 2 次，韩国新兴市场 2. 1 次，上海平均 9. 27 次，深圳平均是 9. 8 次，对于同样一种资产，能够快速交易本身也具有一定的价值，所以流动性越强的市场里，企业估值水平越高，也有它存在的道理。相反，大家非常熟悉的新三板市场，同样也面临着这样的问题，2015 年的时候，新三板当中许多企业的股票交易也非常活跃，也产生了一些大牛股，许多企业也达到了千亿市值，然而几年过去了，2018 年的上半年整个新三板市场才成交了 300 多亿元，个股更是跌惨，千亿市值灰飞烟灭，这问题也是同样出在了流动性上，流动性急剧下降，自然带来估值的下降，这是在市场当中的一对孪生兄弟。我们举个极端的例子，如果一种资产无法交易，那么它的价值将如何界定，如果持有的股票不能到市场里交易，也无法卖给任何人，那么显然它的价值就非常有限，就像改制前的国有股一样，自然就不值钱。

十二、市场间的估值差异

我们经常会看到这样的事实，同时在 A 股和港股上市的企业估值水平却是不同的，A 股的银行类个股可能比美股的银行类个股更便宜，而 A 股的其他股票却又远远贵于美股，造成不同市场间的估值差异是什么，我们如果想长期在市场里生存，就有必要了解一下形成这种差异的原因。

中美两国的股票市场估值体系依然存在比较大的差异，我们认为产生这些差异的原因是多方面的。首先是利率环境不同，中国无风险收益率较高，而 A 股的股息率较美股相对偏低，因此股息率与 10 年期国债收益率的比值比美国要低得多。这表明在 A 股市场上的投资者主要是为了获取价差收益，而非企业分红的收益。另外在投资者结构、市场制度以及上市企业生命周期和经济体的发展速度等方面两地也存在较大差异。但是，我们认为未来随着资金跨市场流通便利性提升，长期来看国内投资者结构、制度与行业性质也在逐渐改变，随着散户数量的减少以及机构投资者占比的提升、市场制度逐渐向注册制转变以及退市制度的完善、各行业集中度的提高，A 股与美股的估值水平差异将逐渐缩小，整体估值体系将逐渐趋同。

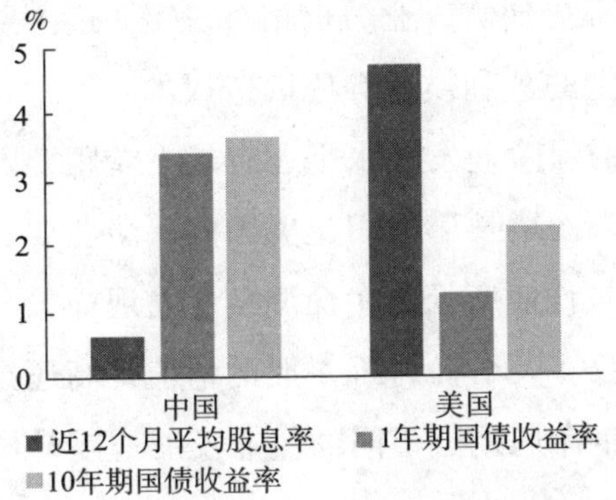

图 8-3　中美平均股息率与国债收益率

表 8-3　中美投资者结构、市场制度、企业生命周期对比

	中国	美国
投资者结构	国内市场散户较多，趋势投资者占比较高；长期来看，机构投资者的占比将日益增强	机构投资者与价值投资者占比较高
市场制度	IPO 批准制，退市制度目前仍不完善；中长期随着 IPO 过会速度加快，将逐步向注册制过渡，并且完善退市制度	IPO 注册制，退市制度被完善
企业生命周期	行业集中度有提高的趋势	行业集中度较高

A 股市场的企业在没有被监管强制要求分红以前，对于分红本身也是不重视的，甚至许多企业会连续多年不分红，而市场内的投资者更是热衷于赚取差价，本身也不计算分红的收益，相对来说更加成熟的美股市场，分红已经成为一条成熟而稳定的获利途径。

中美市场更重要的估值差异，来源于经济体的发展速度不同，中国经济的年均增长率基本保持在 6%以上，这还是从 8%以下逐步下降后的结果，而相对来说，美国经济能够保持 3%的增长，已经是相当不错的水平，这是因为两个经济体完全处于不同的发展阶段，就像是两个人，美国是 60 岁的中老年人，而中国目前还只有 30 岁左右，对于未来，当然是中国更有无限可能，那么估值自然是要高一些，而美国已经相当成熟，现金流丰富，总体估值水平已经不能给太高了。

当然尽管总体市场的估值水平和多数行业的估值水平 A 股都高过美股，但也不是所有的行业都高，比如银行业的总体估值水平，A 股就低于美股，银行股 A 股估值较美股更便宜，业绩也相对稳定。这主要是我国银行业特殊的政策管制、利差为主的盈利模式等原因造成的。但是，我国保险股估值略高于美股，因为两国的保险业发展水平还有较大差距，国内保险产业目前处在较快的成长期，未来的增长潜力相比美国的保险业要大得多。显然这种行业估值水平的差异，与行业所处的生命周期、发展前景、发展速度都有密切关系，不能单纯比较数字大小就判断 A 股的估值是高还是低，必竟不同的市场环境、不同的行业生命周期、不同的企业发展速度与风险水平都是影响估值水平的重要因素。

第九章　现场调研

投资从本质上来说就是选择一个优秀的企业，当我们已经挑选好了目标，并且经过初期的分析，认定企业的基本面还是比较优秀的，那么就要去做非常重要的一件事情，就是现场调研。顾名思义，现场调研就是去上市企业调研，与企业的高级管理人员见面，了解将要投资的企业有着什么样的管理阶层，他们对企业、行业有什么样的规划，当然这仅仅是调研的一种方式，调研也可以是去竞争对手企业调研，竞争对手是最了解彼此的，有的时候甚至对企业的缺点看得比任何人都清楚，竞争对手调研也许能够有意外的收获。当然，还有第三方调研，就是去行业协会、商场、超市直接了解产品的销售情况。最后一种调研，也可以是投资者自己进行草根调研，比如最简单的一种方式，可以去数货车看发货量等。

一、现场调研的作用

现场调研能够获得第一手的资料，能够对企业有一个直观的认识，能够直接与管理面对面地沟通。现在调研一般都是在企业进行，能够接触到企业各个级别的员工，比如证券事务代表、董秘、董事长，甚至还能接触到最基层的生产人员等，这样的调研能够首先建立起一个概念，企业是活生生的、充满生气的一个整体，有那么一群人在努力奋斗，而不再是一个简单的交易筹码，能够建立股票本身就是企业股权的基本概念，这是调研的第一个作用，也是对于投资者来说的一个根本性的投资意识的建立，把企业从纸面走向现实，把股票从代码走向实体，感受到一个真实的企业，一群有血有肉的工作人员。

调研的第二个作用是，可以与董事长近距离沟通，从现实意义来说，我们买入了一个上市企业的股票，就是与上市企业的实际控制人（多数情况下是董事长）建立了法律意义上的合作关系，我们是合伙人，区别在于我持有的股票数量比较少，并且不参与企业的直接管理，董事长可能持有的股票数量更多，并且直接做出企业决策，除此之外，股东所具有的权利与义务我们都是一致的，既然是合伙的关系，那显然要了解一下合伙人脾气如何，能力怎么样，有什么样的爱好，对于行业的发展有哪些想法，对于企业的未来有什么样的构思，如果不了解这些，就不要轻易把自己的资金交给他，如果他的能力不足，或者思路不正确，那就第一时间选择不与他合伙，马上卖出企业的股票，成为路人。

调研的第三个作用是，印证对企业的判断，既然已经来调研了，那一定是对企业有了一定的了解，并且可能认为企业总体上还是比较优秀的，值得来现场调研，那么现场调研就是来印证这些判断是否正确。企业自己是如何来评价行业内的竞争格局，认为企业具有什么样的不同之处，是什么能够让企业在激烈的竞争当中立于优势地位，如果企业的判断与调研者的判断完全不同，或者根本就是两回事儿，那么要重新评估一下，企业的优势还能持续多久？最可怕的是持有一家企业的股票赚到了钱，但对于企业的判断却与企业管理层本身的判断完全不同，赚钱当然是好事儿，但不知道赚的什么钱才是最可怕的，也是最大的风险。

二、现场调研的准备

现场调研之前，必须要对企业进行认真细致的了解，这些了解包括企业所在行业的情况，是处于什么样的发展阶段，企业在行业内的地位如何，企业的产品或者服务有什么样的竞争优势，企业的管理团队情况怎么样，是否足够优秀，是否有可以合作三年、五年甚至十年的愿望？

所有这些工作都要从企业的产品开始入手，从一个企业的产品或者服务开始次第揭开企业的面纱。比如通策医疗这个企业从主营业务构成这个类别里能够了解到的如表 9-1 所示。

表 9-1 通策医疗的主营业务构成

2018-12-31	主营业务构成	主营业务收入（元）	收入比例（%）	主营业务成本（元）	成本比例（%）	主营业务利润（元）	利润比例（%）	毛利率（%）
按行业分类	医疗服务	14.74 亿	95.36	8.28 亿	94.46	4.46 亿	97.05	43.83%
	产品销售	6271.04 万	4.06	4777.86 万	5.45	1493.19 万	2.24	23.81%
	其他（补充）	553.28 万	0.36	83.43 万	0.10	469.84 万	0.71	84.92%
	其他	350.12 万	0.23	0.00	0.00	—	—	—
按产品分类	医疗服务	14.74 亿	95.36	8.28 亿	94.46	6.46 亿	97.05	43.83%
	产品销售	6271.04 万	4.06	4777.86 万	5.45	1493.19 万	2.24	23.83%
	其他（补充）	553.28 万	0.36	83.43 万	0.10	469.84 万	0.71	84.92%
	其他	350.12 万	0.23	0.00	0.00	—	—	—
按地区分类	浙江省内	14.11 亿	91.25	7.68 亿	87.55	6.43 亿	96.11	45.59%
	浙江省外	1.30 亿	8.39	1.08 亿	12.36	2131.72 万	3.19	16.44%
	其他（补充）	553.28 万	0.36	83.43 万	0.10	469.84 万	0.70	84.92%

该企业 2018 年全年医疗服务业务收入为 14.74 亿元，产品销售收入为 6271.04 万元，其他收入为 553.28 万元，按地区分浙江省内为 14.11 亿元，省外为 1.30 亿元。我们可以大致了解到这个企业的收入量级为 10 亿元，主要业务大致是在浙江省内，那么浙江省内有关企业政策的变化就显得特别重要了，这将对企业的业务产生重大影响。同时我们知道，企业的医疗服务业务毛利率为 43.8%，并且医疗服务业务占了企业总体净利润的 97.05%，那么显然，分析医疗服务业务就成了分析这个企业的关键。

从企业简介当中，我们了解到企业的主营业务为口腔医院，目前在北京、武汉、重庆、成都、广州和西安拥有六家大型口腔医院，并且还有诺贝尔生理学和医学奖获得者、“试管婴儿之父” Robert Edwards 创立的体外受精试管婴儿治疗中心、剑桥波恩共同打造的昆明波恩生殖中心已投入运营，各项指标达到国际先进水平。显然，目前通策医疗主要的业务就是口腔医院和试管婴儿。

既然了解了企业的主营业务，从整个 A 股上市企业来看，通策医疗是唯一的牙科连锁企业，这当然是对企业非常有利的一点，同时在牙科连锁这个行业内企业也处于前列。

（一）市场空间

通过分析我们发现，从人均牙医配备、齿科就诊率和种植牙渗透率的角度来看，中国牙科市场发展远落后于世界先进水平，成长空间巨大。而且目前中国牙科市场正在经历快速发展阶段，尤其是种植牙等高端业务的增速极快，市场规模有望快速向发达国家靠拢。人均可支配收入提高，老龄化以及牙科健康普及教育不断渗透是驱动中国市场快速发展的重要原因，在鼓励民营资本进入医疗领域政策的带动下，牙科市场有望持续快速发展。这里的核心逻辑是人口的老龄化，一般来说随着年龄的增加，人的牙齿会出现越来越多的问题，如果说一个人 60 岁一颗牙也不缺，那是有可能的，65 岁一颗牙不缺那也有可能，但到了 75 岁如果还一颗牙也不缺，那简直就是奇迹了，大概率到了 70 岁以后，都需要对牙齿进行修修补补了，那么随着老龄化社会加剧，修牙的概率就会增加。

（二）行业概况

目前国内从事口腔医疗服务的经营主体大致可以分为以下四类：综合性医院口腔科、公立专科口腔医院、民营口腔医院及连锁机构和个体诊所。

从医疗机构的实力来看，在全国范围内，四川大学华西口腔医院、北京大学口腔医院、上海市第九人民医院、第四军医大学附属秦都口腔医院、武汉大学附属口腔医院、北京协和医院、天津市口腔医院、广东省口腔医院、中山大学附属光华口腔医院、山东大学口腔医院、浙江大学医学院附属二院等医院，在临床和科研方面处于行业的领先地位。这些医院的年门诊量约 30 万~45 万人次，就诊患者来自周边省份甚至全国各地，多为疑难口腔患者或有高端需求的患者。在地区范围内，每个省会级城市都有一到两家综合性医院的口腔或口腔专科医院在当地具有一定的影响。

从医疗机构群体的结构变化来看，一直以来，我国口腔医疗市场主要的医疗服务提供主体是公立口腔医疗机构，但是近几年我国民营口腔医疗机构发展较快，由于就医环境较好、重视市场开拓和服务质量，其影响力在逐步扩大，如通策医疗投资股份有限公司、瑞尔齿科有限公司、成都亚非齿科技术有限公司、北京佳美医院管理有限责任公司等。目前，已经有大量的连锁口腔诊所出现在经济发达的一线及省会城市，口腔医疗机构连锁模式发展的空间巨大，如表9–2。

表9–2　口腔医疗市场经营主体特点比较

	综合性医院口腔科	公立专科口腔医院	民营口腔医院及连锁机构	个体诊所
分布	一般各城镇综合医院都有设置	一线及省会城市，部分经济发达的地级市	目前一线城市、省会城市等经济发达地区较集中	遍布各城镇生活区
硬件设备及医师技能水平	硬件设备较齐全，与专科医院相比有一定差距；医师技能较好	规模大，设备精良；有大量知名专家，医师学历一般在硕士以上	设备精良，且相比公立医院有就医环境、服务、体验等优势；医师学历多在本科以上，一般配有知名专家	规模小，设备较简易，医师技能和学历一般
医疗服务范围	一般口腔疾病的诊疗	各类口腔疾病、疑难杂症诊疗，包括种植、正畸、颌面外科等	主要特色来自于种植、正畸、修复、口腔保健等项目	较为常见的“拔、镶、补”等
服务人群	专科口腔医院缺少的情况下或占据主导地位	一线口腔专科医院可辐射至全国，大部分为当地口碑	有定位高端的机构，也有中端服务满足多元化医疗需求	社区患者，就近服务

纵观口腔医疗服务行业的发展历程和竞争现状，技术、服务、品牌已经构成口腔医疗机构打造核心竞争力的三大要素，口腔医疗机构若能在此三方面实现差异化和专业化，将能够迅速获得竞争优势，提升市场地位。

从发展模式来说，通策医疗的“总院+分院”模式巩固了国内连锁口腔龙头地位，企业采取收购当地体量成熟和知名的口腔专科医院，依托于该医院的原有品牌发展连锁分院实现扩张。该模式具有患者流量稳定、业绩确定性高的独特优势，强化了人才与运营方面的竞争壁垒。

三、现场调研的进行

在了解了足够多的行业与企业情况之后，我们进行现场调研最理想的方式就是参加股东大会，包括年度股东大会以及临时股东大会，年度股东大会一般会在每年的4—6月举行，参加年度股东大会有这样的好处：来参会的人员齐整，企业的董事、独董、监事、高级管理人员、会计师事务所人员以及律师事务所人员都会参与，能够非常全面地见到企业的管理团队，同时参会的门槛比较低，只要是股东就可以参会。

当然在进行现场调研之前，要密切关注企业的公告，一般企业会提前至少两周公告股东大会的时间、地点以及表决事项，要认真阅读企业年报，了解年度股东大会相关的事项，当看到企业公告之后，首先要保证拥有企业的股票，这是参加股东大会的前提，如果不是企业的股东是没有权力要求参加股东大会的，买入企业股票之后，要在规定的时间进行股权登记，随着电子技术的发展，现在的股权登记基本都可以进行邮件登记了，只需要将本人的有效身份证件与股东卡复印件发给企业即可。

在所有这些准备工作做完之后，就要进行最为重要的现场调研了，最好能够提前半小时以上到达会场，这种提前其实非常有意义，提前到达，一定会见到企业的工作人员，这些工作人员可能是证券事务代表，或者是董秘，他们也许正在准备开会材料，或者是已经准备完成，正在闲聊，完全可以利用这段时间与企业的工作人员进行沟通，甚至能够在这里得到一些答案，这些答案会比董事长在会议上说的官话可信得多，并且通过沟通就有可能得到证券事务代表或者董秘的联系方式，为未来进一步沟通创造条件。

提前到达会场，特别是如果这个会场还是在企业的会议室，就有更好的条件去参观企业，了解员工的工作状态，办公室的整洁程度，人员着装的职业程度，工作人员对于参会股东的态度，可以从这些细节慢慢感受企业的工作氛围，了解企业员工的精神状态，这些都可以作为企业整体印象的一部分。

股东大会开始之后，要观察到会人员是否齐整，有没有无故不参会的情形，大会的事项有没有按照既定流程进行，这种流程的完备程度和严谨程度从一定程度上能够反映企业的作事风格，反映企业董事长的风格，一个严谨的董事长是我们合作的前提条件。当然重点不在于股东大会的表决事项，而在于随后进行的问答，要与企业管理层进行沟通，把事先已经准备好的问题，与董事长、总经理或者研发总监进行沟通，了解他们的想法，以及他们对未来的规划。

在与董事长的交流当中，能够提出核心问题是关键。第一次与上市企业董事长进行沟通的时候，彼此相当于陌生人，陌生人第一次打交道，自然是要有点技巧，当然与陌生人不同的是，投资者与董事长一样都持有企业的股票，同样为企业的股东，那么就要表现出对企业的认可、尊重与长期持有的决心，首先表明立场，是来做投资的，不是来投机的，更不是来做超级短线的，如果做短线，也就不来参加股东大会了，对于这种认可企业长远发展价值，愿意与企业长期共同进步的股东，一般来说董事长还是持欢迎态度的。这是与管理层进一步沟通非常重要的一步，也可以算是共识。

当然与董事长的沟通过程当中，并不是所有的问题都可以随意提问的，特别是那些带有数字的问题一定要注意回避，因为这是监管不允许的，也会给董事长带来麻烦的问题，比如今年销售情况预计增长多少比例，利润的增长会有多少？这样的问题即使问了董事长也不会回答你，因为一旦回答了，就意味着违规，但是对于行业的变化是可以充分探讨的，比如行业的增长情况，天花板有多高，行业的竞争态势如何，企业的优势在哪里，都可以有更充分与直接的交流，当得到董事长的回应之后，可以与自己的判断进行对比。特别是企业的竞争优势部分，可以说是企业在行业内立足的根本所在，对于优势的认知和加强决定了企业未来的发展，同时与企业的财务报表进行对比，只有报表上显示的竞争优势才是可靠的，不管管理层表述的多么自信与从容，如果报表上看不到这样的迹象，这种优势似乎并不靠谱。

参照过去几年的企业年报情况，了解一下企业过去曾经提到的各种设想与战略是否都得到了充分实施，一些宏伟的设想最后落实的情况如何，是有始有终还是最后不了了之，对于一个负责的管理层来说，犯错误不可怕，可怕的是曾经提出来的伟大战略最后悄无声息地消失了，没有结果，没有说明，而是希望所有投资者能够忘掉它，这样的管理层未来依然也会再次犯这样的错误，并且处理方式恐怕都一样，那么现在他们说的话又会有几分可信呢？

现场调研一般会关注以下问题：

（1）原材料供应情况：对于一个企业来说，原材料是重要的成本组成部分，如果原材料价格上涨，企业显然就会背负更高的成本，如果企业对原材料价格有相当的话语权，比如能通过扩大采购规模而压低原材料价格，那当然是非常有利的。

（2）产品价格和毛利趋势：价格与毛利率是息息相关的，如果价格能够持续提高，那么毛利率肯定不会差。

（3）各项费用变化趋势：产品售价-成本-各项税费就是企业的净利润，一个企业的费用情况反映了企业的内部管理情况，内部管理更有效的企业才更有竞争力。

（4）新产品/项目进展或计划：这是关注企业的未来发展情况，只有持续不断有新产品诞生，有新项目上马，企业的发展才会有连续性，未来的增长才会有保障。

（5）客户结构及下游需求状况情况：关注客户，如果单独客户占企业收入过高，则企业对大客户的依赖程度太大，这是非常重大的风险，要引起注意。

（6）竞争对手情况：关注竞争对手的变化，很少有企业没有竞争对手，有利润的地方就有竞争。

（7）是否有兼并收购计划：这是外延发展的一个重要组成部分，还是一些行业的主要扩张手段。

（8）企业对自己业绩的预测：一般企业不会轻易透露业绩，需要结合多方面的沟通来综合判断。

四、现场调研后的评估

现场调研结束之后，我们会对被调研的企业进行全面总结。首先进行定性判断，要确定这个企业是否为行业内的优秀企业，从行业未来发展状况、企业竞争优势、管理层的状况来进行评估，这是相当重要的工作。对于企业的评估，定性是基础，是决定性的，只有当定性分析显示企业足够优秀的时候，才会考虑估值的问题，才会做定量分析，如果定性分析显示企业还有很多疑点无法得到合理解释，比如毛利率严重高于同行业的平均水平，但企业管理层没有明确说明，下决心去投资这样的企业显然是非常危险的，每一项与行业内有重大差异的数据必须要有合理的解释，不然就有巨大的风险。

对于定性分析为优秀的企业，就可以进入定量分析，定量分析会有三种结果，分别为严重高估、估值合理和严重低估。这三种结果对应不同的处理方式，当严重高估的结果出现时，需要我们耐心等待，优秀的企业也必须要有合理的价格才能成为我们投资的目标，不能花非常高的价格去买入股票，任何企业的股票，如果花的价格过高，都有可能成为糟糕的投资。当评估结果为估值合理的时候，如果企业确实优秀，可以适当进场，但显然这并不是最佳的买点，只是花了合理的价格买入优质的企业，能够赚到企业成长的钱，但却无法赚到市场情绪带来的超额收益，只有当严重低估的评价结果出现的时候，才是最有利的买入时机，也就是优质企业股票被严重低估的情形，这是我们最喜欢看到的局面，也是最佳买入区间，这个时候应该下重手去买入，就像超市开始促销一样，当然要多买一点。

五、买入后的跟踪与调整

买入股票之后并不是就万事大吉了，买入之后也不一定就很快上涨，根据经验来说，一般都会经历一段时间的下跌，当然也有买入之后就开始上涨的，但相对于发生下跌的概率，上涨的概率实在是太小了。

买入之后要对企业进行跟踪，要清楚地知道，买入了股票就意味着参股了一家企业，而这个企业是会发展变化的，在企业管理层的领导之下，每个月、每一年企业都会发生一些变化，要清楚企业向哪个方向发展，是越来越好，还是越来越差，对企业的监测是最为重要的工作内容，要注意企业的定期报告，这种报告是一段时间的经营业绩的体现，也是企业发生变化的体现，如果发现了某一方面的变化与预想的不一致，要及时与企业进行沟通确认，以保证投资安全。

也可以通过媒体对企业的报道进行分析，了解企业的发展动态，特别是一些明星企业，相关的报道会比较多，对于董事长的个人采访里也有对企业未来发展方向的描述，将其与调研现场的内容进行反复分析与对比，就会知道管理层对于投资者是否真诚，这非常重要，我们的合伙人（董事长）必须要对我们真诚，这种真诚远远比能干重要，不真诚的管理层是无法合作的。

如果买入之后，经过定期持续跟踪，企业一直表现的可以接受，那么可以一直持有，直到符合了卖出条件，才去适当调整一下配置。

第十章　企业财务分析

一、财物报表概述

财务分析是我们在分析上市企业的时候无法逾越的。许多投资者，特别是没有学习过财务分析的投资者，对于财务报表有一种天然的恐惧感，看着那些密密麻麻的数字就头疼，但实际上分析财务报表，只要掌握了基本原则，并没有那么难。

分析企业财务报表的前提是，必须要了解企业的商业模式，也就是要清楚企业是如何赚钱的，赚钱方法不同，就会有不同的报表特征。比如银行是高杠杆的商业模式，银行的总资产大部分都是借来的，是储户的钱，银行自己的资产少得可怜，91%以上的资产都是负债，当看到如此高的负债率时，第一反应就是这应该是一个银行类企业的资产负债表。

在分析企业财务报表之前，先要了解会计报表。会计是商业的语言，这是会计的根本。一位中国会计通过看财务报表也可以理解一家美国企业的业绩，这是一个很神奇的事情。在不同的国家为什么可以了解别的企业呢？正是因为有会计，会计所说的在美国的利润额数字，在中国也是差不多的。可见，会计可以成为商业领域中沟通交流的语言。

要了解会计报表，就要从企业的诞生说起，会计报表也是为企业生产经营服务的。

从图 10-1 可以看出，一个企业的成立，或者是有“投资者投入”资金，或者是有“债权人借入”资金。投入的资金和借入的资金就能够形成这家企业的“资产”。

但是资产是一种资源，是需要去投资的，这种投资就牵涉了企业的总体

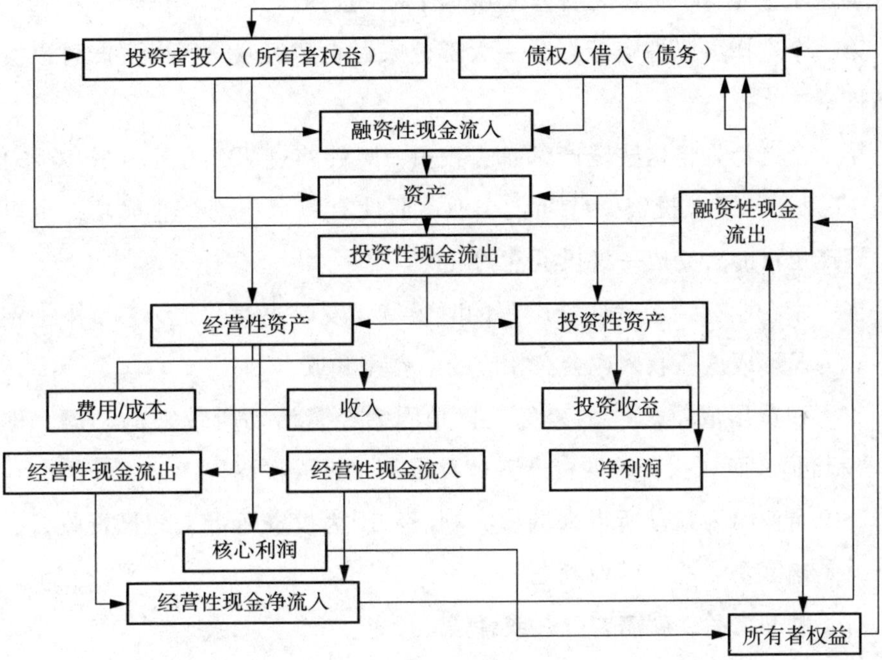

图 10-1　企业赚钱方式

战略。

解释来说，一个企业其实有两种赚钱方式：一种方式是自主经营，即购买存货，建厂房，设计专利，然后自主经营；另一种方式就是投资或是投入股票市场，简单说就是不自己干了，而是把得到的钱投到别的企业里或者去购买股票，不自主经营。这两种赚钱方式决定了企业资产可以分成两大类：一类是经营性资产，一类是投资性资产。

比如，现在要成立一家企业，自己投入了 100 万元，那么所有者权益为 100 万元，同时为了扩张整个资产，用 100 万元的股权拿到银行去质押，又可以从银行借来 30 万元，银行借入的钱其实就是债务。所以，所有者权益和负债就构成了一家企业的资产。这家企业的资产其实就是这家企业可以利用的资源。

上述举例的这家企业的资源是 130 万元，100 万元是投资者的投入，另外 30 万元是银行的借入。

当这家企业有了资产之后怎么办，有两个选择。

第一个选择可以把资源划分一大部分来做自主经营，所以资产可以拨成经营性资产。

第二个选择是将这些资产都拿去投资。可能将这 130 万元分成 10 小份，一份 13 万元，用来投资一些初创企业。假使有一个初创企业成功，也可赚钱。资产也可能会变成一种投资性的资产。

当一家企业有“经营性资产”的时候就要发展业务，要给它带来一定的收入。为了形成这些收入也会有相应的“费用和成本”。

收入和费用成本之间的差额，就是因为经营活动所带来的利润，称为“核心利润”。而“投资性的资产”就会带来“投资收益”。

一家企业因为经营所带来的核心利润和因为投资所带来的投资收益，加起来就是这家企业的“营业利润”。

有了利润之后，就需要分红或者偿还债务。

有了资产负债表和利润表之后，还有一个特别重要的是“现金流量表”。

企业的资源是以现金形式得到的，就会产生“融资性的现金流入”。一家企业资产是要对外投资的，就投到自己的经营性资产里。比如投一些固定资产，或者投一些别的企业，这是投资性资产。

经营性资产带来收入如果可以得到现金，就会形成“经营性的现金流入”。为了达到这些收入产生的费用和成本如果需要现金支付，会产生“经营性现金流出”。

经营性资产的现金流出和流入的净额，就形成了“经营性现金的净流入”。而投资性的资产能形成投资收益，若收益是以现金方式体现，就是“投资性现金净流入”。

当一家企业有了经营性的现金流入和投资性的现金流入之后，就会考虑偿还负债，“融资性的现金流出”就会产生，或者是以分红形式，分红若是现金支出也属于“融资性现金流出”。

通过图 10-2，可以把一家企业最主要的商业模式和业务模式跟会计结合起来。

概括起来就是一个中心、两个基本点。

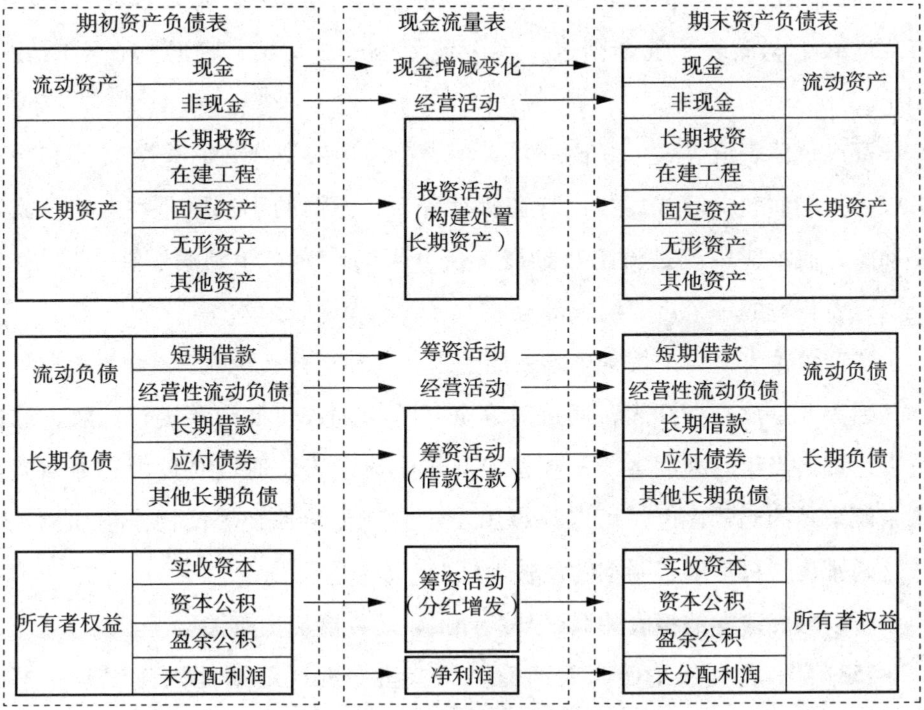

图 10-2　企业主要的商业模式和业务模式

一个中心：资产负债表。

两个基本点：利润表反映资产负债表中未分配利润的增减变化（净利润本年累计数=资产负债表中未分配利润期末数-期初数）；现金流量表反映资产负债表中货币资金的增减变化（现金及现金等价物的净增加额=现金的期末余额-现金的期初余额）。

从会计报表的角度来讲，资产负债表所表现出来的就是“对称”之美，利润表所表现出来的是“高度”之美，而现金流量表所表现出来的是“健康”之美。资产负债表说明人生需要努力去创造出一个好的“底子”，利润表说明人生需要做出一番事业，也就是要有一个好“面子”，现金流量表说明人生需要规划好，要会过“日子”。

三张报表的项目都是活的，是随着企业的发展而变化的。比如现金转换成了原材料、固定资产、无形资产以及管理费用等；原材料转换成了在产品、产成品；固定资产以折旧和减值的形式进入了利润表；产成品以收入成本的方式进入了利润表；现金则进了现金流量表——其实，它们都在不断转换当中。

资产负债表恒等式，好比一只大柜子，左边装资产，右边装负债和所有者权益；利润表恒等式，好比装在所有者权益里面的小抽屉，收入就是流入小抽屉，成本费用就是流出小抽屉，余下来的作为本年利润留在小抽屉中，是所有者权益的一个重要组成部分。

资产负债表是财务报告中唯一的主表，为什么这么说呢？

因为要是没有利润表，通过对净资产的期末数与期初数进行比较，照样可以计算出当年的利润数额；要是没有现金流量表，通过对货币资金期初期末余额增减的比较，也是可以计算出当年的现金及现金等价物净增加额。多了这两张表，只是多了明细的反映而已。

所以形成这样的报表关系，与会计报表的发展历史有关。

1531 年，德国纽纶堡商人约翰·戈特里布的《简明德国簿记》一书问世，书中公布了世界上最早的一张资产负债表格式。16 世纪初的德国纽伦堡，经济异常繁荣，几乎同所有的欧洲国家都保持商业往来，并把大量的金银器、铜器、宝石制品、木器远销欧洲各国。特别是纽伦堡与威尼斯等意大利北方城市经济往来频繁，意大利的复式记账法对在纽伦堡土生土长的戈特里布产生了深刻的影响，而此时的意大利复式记账法中已经产生了资产负债表的雏形——借贷平衡试算表。

16 世纪意大利的企业在报告应税财产时也已开始编制资产负债表。

17 世纪初，继意大利帕乔利以后的又一会计大师，荷兰会计学家蒙斯蒂文出版了《数学惯例法》一书，提出了资本状况表，进一步为现代资产负债表勾勒了轮廓。

1844—1862 年英国《公司法》的颁行明确制定了资产负债表的标准格式。

利润表又称损益表或收益表，最早可追溯到 17 世纪的损益证明书，而前身是18世纪至20世纪初的《损益原始本纪计算书》。大约从19世纪中叶至20世纪中叶，西方发达国家的财务报告已经初步定型于由资产负债表和损益标准组成的两表体系。

19世纪中叶以后，股份有限公司已经成为英国一种很普遍的企业组织形式，由于所有权经营权的两权分离，出现了职业经理阶层，企业所有者退出企业的经营，股东迫切需要了解企业经营的好坏，尤其是盈利能力及盈利分配情况，同时，生产经营的复杂程度加剧，导致单凭期初与期末净资产的对比，计算出盈利已不合时宜，于是，反映企业一段时间经营成果的损益表便应运而生，此外，所得税法的引进与发展使人们开始密切关注有关收入和费用的核算报告问题。

20世纪20年代，在英国和美国日益增加的企业已经提供它们的收益表了，1929年，英国《公司法》首次正式要求企业编制收益表，收益表成为企业第二个正式对外公布的财务报表。

随着企业筹资手段的日益多样化和复杂化，与生产经营活动一样，企业的投资活动和理财活动也影响着企业的财务状况，经营成果由资产负债表和收益表所提供的信息，逐渐难以满足企业外部信息使用者了解企业财务状况变动的需要了，因此资金表或财务状况变动表作为财务报告的第三张报表，应运而生，它最早出现于美国。

1961年，美国AI CPA发布第二号会计人员公告，现金流量分析建议对外提供资金表。

1963年10月，美国的APB发布了第三号意见书，建议企业编制资金来源和运用表，并将其作为财务报告的辅助信息，暂未做出强制性的要求.

1971年3月，APB发布第19号意见书，取代了第3号意见书，建议将此表更名为财务状况变动表，并将其列为正式对外公布的基本财务报表。

1987年11月，FASB公布95号财务会计准则报告（SFA95），现金流量表取代了APB的第19号意见书，并要求企业在1988年7月15日以后，必须用现金流量表代替财务状况变动表。

自此，现代会计的三张报表先后建立起来了，也就形成了现在我们所看到的会计报表体系。

从这三张报表诞生的先后顺序能够清楚地知道，三张表当中最为重要的是资产负债表，这反映了一个企业的全部家底有多厚，拥有多少资源，随后是利润表，反映了这家企业的获利能力，能够在一定时间内赚取多少利润，而现金流量表反映了企业的日子过得如何，现金流越充足的企业日子过得越好，现金流对于企业的重要性我们都非常清楚，如果现金流出现枯竭，那么企业将面临破产。

二、投资者分析财务报表的目的

分析财务报表，不同的人站在不同的角度，自然也会有不同的目的，比如企业所有者分析财务报表，可能会考虑提高资产的利用效率，企业在安全运行的前提下，获得收益的最大化，而税务部门如果要求查看企业的财务报表，那自然是与税收相关，更多是检查偷漏税，债权人分析报表决定是否给企业贷款，分析贷款的报酬和风险程度。通过财务报表可以了解债务人的短期偿债能力，分析其资金流动状况以及长期偿债能力、盈利状况等。而企业的经理人员是为改善财务决策而进行财务分析，财务报表分析涉及的内容最广泛，几乎包括外部使用人关心的所有问题。当然，我们作为投资者来分析企业的财务报表，一般具有如下几个目的：第一，通过对财务报表的分析，确定企业的盈利模式是否具有连续性，企业对同行业的企业是否具有一定的竞争优势，财务报表就是一张答卷，企业的经营成果一定会反映在报表上。第二，关注企业的股利分配政策，对于投资者，特别是长期投资者来说，投资一家企业获利一般有两个途径，一个是企业股价的波动，另一个就是分红，分红政策对于投资也有重大影响。第三，避免风险，作为二级市场的投资者，我们习惯于把风险放在第一位，可以不赚钱，但亏损是难以让人容忍的，损失本金需要更长的时间恢复元气，一旦发现企业的财务状况有恶化的倾向，那么第一时间采取措施，卖出企业股票，避免自己陷入更大的麻烦当中。

三、分析财务报表的方法

作为外部投资者，在拿到企业的财务报表时，首先要与企业前几年的报表进行对比，至少要与上一年的报表认真分析，对比一下哪些指标发生了重大变化，这些重大变化一般在企业的公告当中会有提醒，并且会有相应的说明，对于数据的变化，一般情况下我们只选择大数据进行对比，大数据有两层含义，一个是指绝对值比较大，另一个是指相对变动幅度比较大。这里的绝对值比较大也是占企业的总资产或者总收入的比例比较高，比如一个有10亿元收入的企业，100万元的应收款本身并不高，即使这部分应收账款增长到了200万元，增长幅度100%，远远高于销售收入的增长幅度，那也不必担心，因为总量还相当小，不会对企业总体报表产生重大影响。

拿到财务报表之后，我们最为关心的第一个数据是收入的情况，一方面要看收入的绝对值，另一方面要看收入的变化情况，这里的变化包括收入增减情况也包括收入构成的变化，收入是利润的先行条件，如果没有收入持续增长，那么利润的增长是不可能持续的，所以会十分关注收入的变化，特别是对于成长期的企业，利润还没有显现，成长性的判断完全取决于收入的变化。

一般企业收入的快速增长只有四个来源：①销售更多的产品。②提高单品的价格。③销售新的产品。④并购。在分析收入变化的时候要从这四个方面去进行判断，一个优秀的企业，应该更多地通过前三个方面来提高收入水平。收入的增长水平是衡量一个企业费用变化的标尺，收入增加必然会导致成本与费用的增长，一般来说收入与成本和费用会是同步增长的，也有可能出现短期内费用与成本明显高于收入增长的情形，但这种情形必须要有明确合理的说明，比如采购了设备，或者是增加了销售人员，这些设备和销售人员短期内可能不会贡献收入，就会带来成本与费用的大幅度增长，但这种增长必然会在未来带来收入的增长，这样的成本与费用增长并不可怕，是对未来销售收入增长有利的。

处于成熟期的企业，往往是利润的增长速度快于销售收入的增长速度，这是因为企业已经没有太多的投入，成本与费用的投入期已经过去了，现在的销售收入转化为利润的比例大幅度提高，企业成为了自由现金流的奶牛。

对于企业财务报表的分析，与企业所处的行业以及企业的生命周期有着密切的关系，不同行业的报表具有不同的特征，不同生命周期企业的报表也有不同的表现形式。以通策医疗为例：

表 10-1　通策医疗财务报表对比（1）

成长能力指标	18-12-31	17-12-31	16-12-31	15-12-31	14-12-31	13-12-31
营业总收入（元）	15.5 亿	11.8 亿	8.79 亿	7.63 亿	5.84 亿	4.63 亿
营定总收入同比增长（%）	31.05	34.25	15.13	30.59	26.08	22.19
毛利润（元）	6.65 亿	4.83 亿	3.59 亿	3.10 亿	2.28 亿	2.07 亿
归属净利润（元）	3.32 亿	2.17 亿	1.36 亿	1.24 亿	1.10 亿	1.00 亿
归属净利润同比增长（%）	53.34	59.05	9.44	74.79	9.66	10.30
扣非净利润（元）	3.27 亿	2.13 亿	1.33 亿	1.26 亿	9850 万	9242 万
扣非净利润同比增长（%）	53.56	60.54	7.80	27.65	6.58	6.07

2018 年全年总收入为 15.5 亿元，增长了 31.05%，而归属净利润则为 3.32 亿元，增长了 53.34%，显然归属净利润的增速要明显高于收入的增速，这是引起注意的第一点。

表 10-2　通策医疗财物报表对比（2）

成长能力指标	18-12-31	17-12-31	16-12-31	15-12-31	14-12-31	13-12-31
毛利率（%）	43.29	41.36	41.41	39.80	39.31	45.04
净利率（%）	23.23	19.22	15.12	25.40	19.50	22.12
实际税率（%）	18.21	19.52	20.73	19.21	23.02	26.19

继续往下，毛利率这里看到了第一个变化，企业 2018 年的毛利率比 2017 年提高了接近 2 个百分点，由 41.36%提高到了 43.29%，显然这是一个好的信号，说明企业的成本在降低或者是产品（服务）售价有所提高。不管是成本降低，还是售价提高，这都是一个好的迹象。当然毛利率提升，自然会带来净利率的提高，那么就有可能造成净利润的增速快于收入增速的局面。

在年报里发现了这样的表述：规模效应初显，二次议价毛利升。企业对供应链进行整合，二次议价使耗材整体采购成本下降 5%，新建医院设备成本下降 3%，显然这种毛利率的提升是由成本的降低带来的，那么随着规模的扩大，这样的状况还将持续。

看完了增长速度，当然是令人欣喜的，但是，这些销售收入都是真实的吗？是不是记录了太多的应收账款而导致企业只是纸面富贵，那就要看一眼销售现金流与销售收入的比例，这个比例越高越好，越高说明销售收入收回的现金越高，从盈利质量指标看到，2018 年全年销售现金流与营业收入的比例为 1，也就是说企业几乎没有应收账款，几乎所有的销售收入都是以现金的形式收回来的，并且从 2011 年开始至今，本企业的销售现金流与营业收入的比例都在 1 左右，也就是说，几乎都没有应收账款，这样的企业当然是值得高兴的，也就意味着不会有坏账的风险。

表 10-3　通策医疗财物报表对比（3）

盈利质量指标	18-12-31	17-12-31	16-12-31	15-12-31	14-12-31	13-12-31	12-12-31	11-12-31
预收款/营业收入	0.01	0.01	0.00	0.00	0.02	0.02	0.00	0.00
销售现金流/营业收入	1.00	0.99	0.99	0.98	0.99	1.01	1.02	1.03
经营现金流/营业收入	0.30	0.29	0.18	0.24	0.22	0.29	0.30	0.27

从这些数据来看，本企业 2018 年的经营成果还是非常值得高兴的，唯一需要注意的是，净利润的超高增速是否能持续，这样的现象想长期持续是非常困难的。

四、哪些财务指标能够体现企业的竞争优势

分析财务报表，还是希望能够确认企业的竞争优势，既然我们从理论上分析企业应该有一定的竞争优势，当然如果没有竞争优势，也不大可能进入我们主要的考察目标，那么这种竞争优势必须要落实到财务上，如果只有理论上的优势，意义不大，优势必须要转化为利润。

最值得关注的指标之一是预收账款。

（一）预收账款（Deposit Received）

指企业向购货方预收的购货订金或部分货款。企业预收的货款待实际出售商品、产品或者提供劳务时再行冲减。预收账款是以买卖双方协议或合同为依据，由购货方预先支付一部分（或全部）货款给供应方而发生的一项负债，这项负债要用以后的商品或劳务来偿付。

一般包括预收的货款、预收购货定金等。企业在收到这笔钱时，商品或劳务的销售合同尚未履行，因而不能作为收入入账，只能确认为一项负债，即贷记“预收账款”账户。企业按合同规定提供商品或劳务后，再根据合同的履行情况，逐期将未实现收入转成已实现收入，即借记“预收账款”账户，贷记有关收入账户。

如果企业的账面上有大量的预收账款，一般来说企业产业链具有相当的竞争优势。如果一个企业能够做到占用下游资金，也就是先收款后发货，这是对产业有着极强控制力的，或者说是在产业链当中占有主导地位，产品或者服务的竞争力相当强，下游企业争相求购，才会导致先付款，或者是至少先付订金，这样才有可能在未来的时间得到产品或者服务，产品或者服务的供不应求是导致下游企业先款后货的根本原因。当然本身有一些企业的商业模式决定了它一直以来会有预收账款，这个时候就要分析预收账款的数量变化情况，如果预收账款越来越多，一年比一年多，那当然是好现象，相反，如果预收账款一年比一年少，那说明企业未来的收入会一年比一年少，自然是值得警惕的，对于本身不应该有预收账款的企业，如果已经开始产生预收账款，就说明企业竞争力有了本质性提升，是即将快速发展的信号。

第二个反映企业竞争优势的指标是毛利率，这主要是用来分析以营业净利润率为 ROE 主要贡献方式的企业当中。

（二）毛利率（Gross Profit Margin）

是毛利与销售收入（或营业收入）的百分比，其中毛利是收入和与收入相对应的营业成本之间的差额，用公式表示：毛利率＝毛利/营业收入×100%＝（主营业务收入－主营业务成本）/主营业务收入×100%。

从构成上看毛利是收入与营业成本的差，但实际上这种理解将毛利率的概念本末倒置了，其实，毛利率反映的是一个商品经过生产转换内部系统以后增值的那一部分。也就是说，增值的越多毛利自然就越多。比如产品通过研发的差异性设计，比竞争对手增加了一些功能，而边际价格的增加又为正值，这时毛利也就增加了。

同行业当中，一般来说毛利率越高，表示企业的定价能力越强，自然也就是竞争优势越明显，比如同样是销售白酒，为什么茅台能够卖出1000块一瓶，五粮液能够卖出600块一瓶，而二锅头却只能卖到100块一瓶，本质上这些白酒的产品成本差异并不大，但售价却千差万别，其实就是定价权的不同，在成本相差不多的情况下，价格越高自然毛利率越高，或者说经过企业的加工，原材料的增值越多。

（三）总资产周转率

总资产周转率是衡量一个企业的重要参考指标，这主要适用于以高周转率来贡献ROE的行业。

总资产周转率是企业一定时期（一般为一年）的销售收入净额与平均资产总额之比，它是衡量资产投资规模与销售水平之间配比情况的指标。对于薄利多销型的企业来说，总资产周转率越高，说明企业的销售额越大，同样的资产发挥的效率就越高，总资产周转率的提高说明企业的运营效率越高，而对于同行业的企业来说，我们更多的是比较存货周转天数，在同一个行业当中，存货周转天数越短的企业，运营效率越高。

五、优秀企业财务报表的特征

在分析完了企业竞争优势的指标之后，我们大致能够勾勒出一个优秀企业的轮廓，优秀的企业一般应该具有这些特征：

（一）充沛的现金流

这是非常重要的特征，特别是在宏观经济总体不太景气的情况下，企业的外部融资难度增加，特别是民营企业的现金流更容易出现问题，只有那些现金流充沛的企业，才能在残酷的竞争当中生存下来，在寒冬当中，保存实力，保障生存永远是第一位的任务。

（二）主营业务突出

有钱更要有利润。这里是指企业的主营业务一定要突出，占企业总收入的绝对比例要够高，对于强健的企业，不要盲目多元化，从历史经验来看，盲目多元化很难取得成功，企业还是应该专注于主业，只有在自己的领域做强做精，具有足够的竞争力，才有良好的利润表现。

（三）适当的负债率

负债确实是一个不可能省略的项目，一般来说企业都会有一定的负债，如果完全没有负债，说明企业管理者非常保守，完全靠自己的资金发展固然安全系数高，但发展速度必然会受到影响，负债率过高，尽管发展速度会加快，但如果经济出现波动，企业也容易引发风险。不同的行业评价负债率也是不同的，有些行业50%已经是很高的负债率了，但有些行业可以达到90%，所以要结合行业的情况来分析，一般我们认为企业的负债率应该处于行业的中位数以下才是安全的。

（四）毛利率稳定或者稳中有升

一个企业的核心竞争力很多时候是表现在毛利率上，如果毛利率连年下降，说明企业的成本转嫁能力是很差的，面对高涨的成本不能向下游转嫁，只有自己默默承受，或者是在竞争当中被迫降价，这样的结果显然都不是我们愿意看到的，这样的企业也很难获得更好的发展。优质的企业应该是有比较好的定价权，至少是要有成本的转移能力，具备定价权或者成本转移能力其中一种，都能够保持毛利率的基本稳定。

（五）有预收账款

预收账款表示企业对下游的控制力很强，能够做到收货款后发货，这样的企业自然是令人神往的，也一定是比较优秀的企业，当然有一些行业本身由于商业模式的原因，会产生预收账款，这就要去比较预收账款的数额变化情况了，最好是预收账款越来越多。

记住一些优秀企业的财务状况，在分析同行业企业的时候，就用这些市场上已经证明的优秀企业进行对比，凡是不符合这些优秀企业财务模式的，都需要引起警惕，要清楚知道企业发展也是有模式的，同一个行业内的企业不外乎几种模式，一种模式也就只有一两个值得关注的企业，不符合这样特点的报表最好的方法是直接否掉，尽管可能会错过一些优秀的企业，但至少不会损失本金。

六、哪些指标容易被上市企业调节

市场上经常会有这样的传言，上市企业的报表都是经过调整的，我们二级市场的投资者看到的报表都是不真实的，那么我们能不能从报表当中看到哪些指标容易被调节，或者说我们要特别注意上市企业的这些指标，粉饰的方法主要有以下几种：

（一）主营业务收入虚弱，依靠大量的营业外收入填补

营业外收入是指与企业生产经营活动没有直接关系的各种收入，具有偶然性，不具备可持续性。营业外收入主要包括：非流动资产处置利得、政府补助、盘盈利得（主要指对于现金等清查盘点中盘盈的现金等，报经批准后计入营业外收入的金额）、捐赠利得（企业接受捐赠产生的利得）、非货币性资产交换利得、债务重组利得等，这里要特别关注政府补贴、供应商的债务豁免协议、非流动资产处置，而这些非主营业务收入显然是不能够长期持续的，那么这样的收入本身是没有意义的。

（二）提前确认收入，增加营业收入

根据《企业会计准则》第 14 号规定，企业销售商品时，如果同时符合以下 4 个条件，可以确认收入：

（1）企业已将商品所有权上的主要风险和报酬转移给购货方。

（2）企业既没有保留通常与所有权相联系的继续管理权，也没有对已售出的商品实施有效控制。

（3）收入的金额能够可靠地计量。

（4）相关的经济利益很可能流入企业。

（5）相关的已发生或将发生的成本能够可靠地计量。

不能提前确认收入的情况：比如承诺客户对于产品不满意可以一定时间内退款的促销而形成的销售额，就不能在承诺退款期限之前确认收入；所销售商品或者提供的服务未完成之时不能确认收入等。

（三）直接虚构项目增加收入，如工程类企业

以 2017 年 12 月份中国证监会公布查处的雅百特财务造假案为例，该企业于 2015—2016 年 9 月份通过虚构巴基斯坦旁遮普省木尔坦公交工程项目、虚构国际贸易和国内贸易等手段，累计虚增营业收入达 5. 8 亿元，虚增利润约 2. 6 亿元，其中 2015 年虚增利润占当期披露利润总额的 73%，2016 年前三季度虚增利润占当期披露利润总额约 20%。上述虚假财务数据通过雅百特 2015 年年报、2016 年半年报及三季度报公布，已构成信息披露违法。最终，雅百特因以虚构海外工程项目和国内外建材贸易的方式虚增业务收入，粉饰财务报表，被中国证监会顶格处罚。

虚构海外工程项目和国内外贸易方式虚增业务收入是上市企业财务造假的惯用伎俩之一，如果一个企业有大量的收入来自海外，必须要特别小心。

（1）伪造合同，虚开增值税发票，虚增销售收入。上市企业为避免在当年财务报告中反映亏损状况，保住上市资格，会伪造多份销售合同，虚开增值税发票，有时还将已销售给某企业的同一批产品，再虚拟销售给其他企业。

（2）虚增资产，其主要表现形式就是对一些已经没有利用价值的项目不予注销。

（3）与在法律上无关联但实际有关联的企业大量交易，虚增销售收入。上市企业将法律上无关联关系但实际受集团控制的几家企业列为购货方，在利润不足时将大量产品“销售”给这些企业，实际上商品仍在上市企业，只是向这些企业开出发票和提货单便完成了大额销售。

（4）变相调整应收账款账龄，少提坏账准备。为了避免计提大额坏账准备影响当期利润，有些上市企业与购货方联合舞弊，通过借款、转款等方式虚列当期应收账款，减少长账龄应收账款。

（5）随意调整会计政策，实行利润操作。按照相关要求，企业一经选择会计政策后，应在各期保持一致，不能随意变更。但有的上市企业从其他企业购入已使用多年的机器设备，以净值入账后却没有按照机器设备尚可使用的年限对其计提累计折旧，而是按照该部分资产的使用年限重新计提折旧。这样就延长了固定资产的使用年限，降低了折旧率，相应减少了当期的成本费用，从而增加了当期利润。

（6）利用计提资产减值准备操作利润。采用哪种方法计提资产减值准备，一般由上市企业预计各项资产可能发生的损失，通过职业判断来确定。如果上市企业不恰当地运用谨慎性原则，就会增加人为操作利润的机会。

（7）少计摊销费用。调节费用利用过渡性科目，调节利润，调整跨期费用，将一些已实际发生的费用作为长期待摊费用、待处理财产损益、其他应收款等项目入账，不按照相关准则要求记入当期损益。

分析企业的异常之处，也许能够有所发现，与同类企业或与企业历史比较，毛利率明显异常；货币资金和银行贷款同时高企；应收账款、存货异常增加；估算的应交所得税余额与实际余额相差甚远；现金净流量长期低于净利润；突然出现主业以外的较大收益等。

除了报表项目纵向、横向比较外，投资者也应该关注查询报表科目以外的信息。“如果上市企业存在多次主动变更审计机构、海外业务比重比较大、董监高频离职或变动、多次变更业绩预告、频繁并购以及被监管层发放问询函、监管函等情形，其存在财务造假的可能性较大，投资者一定要小心谨慎。

七、企业的财务政策要与经济周期相吻合

经济周期前面我们已经讨论过，也称商业周期、景气循环，一般是指经济活动沿着经济发展的总体趋势所经历的有规律的扩张和收缩，是国民总产出、总收入和总就业的波动，是国民收入或总体经济活动扩张与紧缩的交替或周期性波动变化。经济周期具有如下特点：

（1）经济周期不可避免。

（2）经济周期是经济活动总体性、全局性的波动。

（3）一个周期由衰退、萧条、复苏、过热（繁荣）四个阶段组成。

（4）周期的长短由周期的具体性质所决定。

经济的周期性波动要求企业顺应经济周期的过程和阶段，通过制定和选择富有弹性的财务战略来抵御大起大落的经济震荡，以减少它对财务活动的影响，特别是减少经济周期中上升和下降抑制财务活动的负效应。财务战略的选择和实施要与经济运行周期相配合。

在经济复苏阶段前应采取扩张型财务战略。增加融资力度，扩建厂房设备，比如采用融资租赁，建立存货，开发新产品，增加劳动力等。

在经济繁荣阶段应采取快速扩张型财务战略和稳健型财务战略结合。繁荣初期继续扩充厂房设备，采用融资租赁，继续建立存货，提高产品价格，开展营销筹划，增加劳动力。繁荣后期采取稳健型财务战略。

在经济衰退阶段前应采取防御收缩型财务战略。停止扩张，出售多余的厂房设备，停产不利产品，停止长期采购，削减存货，减少雇员。

在经济萧条来临前，建立投资标准，保持市场份额，压缩管理费用，放弃次要的财务利益，削减存货，减少临时性雇员，压缩一切没有必要的开支，做好过冬的准备。

总之，企业财务管理人员要跟踪时局的变化，对经济的发展阶段作出恰当的反应。要关注经济形势和经济政策，深刻领会国家的经济政策，特别是产业政策、投资政策等对企业财务活动可能造成的影响。

如果企业采取的财务政策与经济周期的发展阶段不相匹配，特别是当政策有所变化的时候，如果采取了错误的财务政策，会导致企业面临着巨大的风险，甚至有可能直接导致大股东换人。比如 2017 年开始的去杠杆政策，导致许多民营企业还款困难，甚至于抵押暴仓，这就是典型的企业财务状况与宏观政策不匹配造成的风险。

根据美国银行一项关于企业财务管理的调查发现：82%的企业倒闭，都归因于企业经营资金管理不当，可见资金在企业发展当中的重要性，那么控制好企业的财务政策，结合当前宏观经济的周期特性来调整财务政策，将显得愈加重要了，特别是相对来说融资难度更大，成本更高的民营企业，宁可步子小一点，发展速度慢一些，都不要因为大量的举债导致流动资金紧张。

大约 80%的破产企业从会计上看是属于盈利的，它们倒闭的原因不是账面亏损，而是现金不足。

第十一章　如何避免买到劣质企业

投资的目标是在股票市场当中获得收益，也就是为了赚钱，那么在操作过程中是哪个阶段决定了收益是正还是负呢？要搞清楚哪个阶段最重要，然后把那个阶段做好，买入的时机决定了成败，换句话说，在做出买入决定的时候，就已经注定了未来的收益。

只有优质的企业便宜的价格，才能保证赚钱，这是两方面的解读，一方面是优质的企业，另一方面是良好的价格，这两个方面缺一不可。

优质企业是我们投资的基础，只有企业优秀，才能保证在持有的过程当中不担心，如果投资的是一家质地随着时间的延续而变坏的企业，那么持有的时间越久，风险越大，这样的企业除非短期内价格已经低估得离谱，那么也仅只有一次投机的机会，而没有长期的投资机会，企业优秀是我们投资的基础，没有这个基础，投资将一直处于风险当中，这就要求我们避免买入那些可能会变为劣质的企业。及时发现企业变坏的征兆，能够比较有效地避免买到劣质企业。

一、企业变坏的征兆

既然我们已经持有了这样的企业一段时间，那么在这个过程中企业还是比较优秀的，但随着时间的延续，企业可能开始变坏了，这种变坏总会有一定的迹象，一般来说，我们从以下几个方面来判断：

（一）毛利率下降

毛利率下降的根本原因就是成本上升，在企业经营过程中成本价远远低于销售价，所产生的毛利率也就会比较高。可是如果成本上升、销售价不变的话，不但会降低利润空间还会减低毛利率。所以在日常经营过程中一旦产生成本上浮的情况，销售价也就会相应提升，其根本原因就是为了保证毛利率的稳定性，但有时候成本虽然有一定上浮，销售价却一直不变，这种情况多考虑是市场竞争加大，不得不压缩毛利率，比如网宿科技，从 2010 年开始，毛利率一直保持着上升的态势，而从 2016 年开始毛利开始逐步降低，而企业的股价也开始了大幅度下跌。这种毛利率的下降是因为有外部竞争者进入了企业所在的行业，并且进行低价格竞争，企业不得不跟随性降价，导致总体利润受到了严重影响。

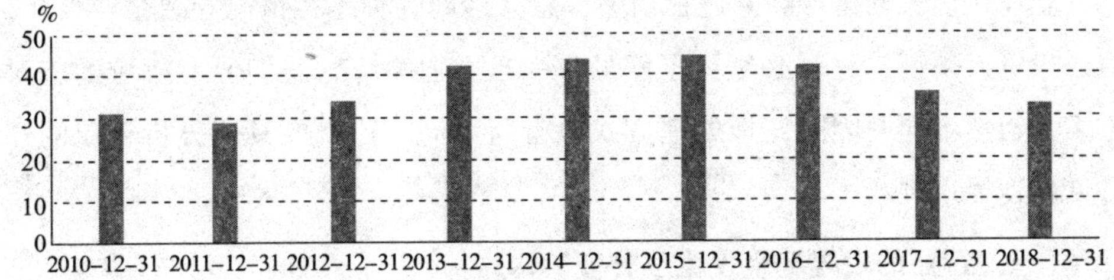

图 11-1　网宿科技的毛利率年度变化情况

（二）存货增加

存货增加一般有两种可能，①企业规模扩大，导致对存货的需求量增加；②企业销量不好，存货积压。如果是第一种情况造成的存货增加，本质上并不可怕，甚至于企业的销售情况在随后的一段时间还会有更好表现，但如果是第二种情况造成的存货增加，那就非常值得警惕了，特别是对于一些产品价格会有周期性下跌风险的产品，这种存货增加一般来说都是风险，比如手机，可能每过三五个月就会有一次价格下调，那么大量的存货，会导致产品贬值，企业总体价值受损。当然并不是所有的存货增加都是风险，有一些企业的存货会随着时间而增值，这样的存货完全没有必要担心，越多越好。

（三）销售收入增加而经营性现金流大幅度减少

企业销售收入增长当然是好事，但如果销售收入只是纸面上的增长，而经营性现金流没有增长，也就是说销售是形式上产生了，但没有收回来现金，大部分都转化成了应收账款，那对于企业来说现金流的压力就会非常大，一直销售产品而无法收回现金，库存现金总会有耗尽的时候，油尽则灯灭，这样的状况是不可能长时间延续的。企业销售产品而无法收回现金，一般来说是由于市场竞争激烈，企业不得不给予买家更长的账期，否则可能就无法成交，这也说明了市场上的卖方相对较多，竞争激烈，而企业没有特别的竞争优势，只有延长付款时间，或者降低产品价格来获取客户，这显然不是具有竞争优势的表现，是生存环境恶化的体现。

二、企业变坏的几种途径

企业在漫长的生产经营过程当中，总会遇到各种恶劣情况导致企业变坏，对于投资人来说，这是必须要了解的，一旦企业变坏，我们要有相应的应对方案，当然不同原因的变坏处理方式也有所不同，这就要具体分析企业的几种变坏途径来判断了。

（一）行业的发展环境发生了转变

这种变坏途径是客观的，换句话说，企业本身在行业内依然还是保持着比较好的竞争态势，就像所有的企业都在同列火车上，我们投资的企业依然还是处于领先地位，但是整列火车减速了，造成了行业内的企业发展速度全部放缓，并且我们投资的企业放缓的速度还慢于整体行业放缓的速度，这样的企业变坏，其实没有必要太过担心，对于优质的企业，当行业遇到特殊情况的时候，也许是更好的发展机会，随着成本增加，或者销售难度增加，一些竞争能力较差的小企业，将被迫退出市场，规模较大，成本较低，具有优势的企业将获得更大的市场份额，那么行业环境好转之后，企业会迎来又一轮快速增长，比如 2008 年牛奶行业出现了全行业性的三聚氰氨事件，除三元没有卷入之外，几乎所有的知名企业都深陷其中，伊利的股价更是连续多天跌停，然而十几年过去了，现在回过头一看，显然那是好机会，股价从 2008 年的最低到现在，已经上涨了何止 20 倍。

（二）创业管理层犯了战略性错误或进取精神不足

这种变坏途径是企业管理层自身原因造成的，比如 2018 年全聚德的年报显示：2018 年企业实现营业总收入 17.77 亿元，较上年下降 4.48%；净利润

7304万元，较上年下降46.29%。剔除非经常性损益的净利润为5716万元，较上年下降52.14%。企业的解释为受餐饮行业竞争加剧影响，企业年度接待人次同比减少，导致企业2018年度营业收入和利润水平同比出现下滑。然而事实似乎并不完全是这样的，国家统计局数据显示，2018年全国餐饮收入4.3万亿元，比2017年增长9.5%。此外，有数据显示，2017年中国的烤鸭一共售出8921万只，烤鸭门店数量在8.12万家左右。至2018年，国内一共售出1.21亿只烤鸭，烤鸭门店数量增至11.7万家，市场规模达190亿元。也就是说在整个烤鸭行业向前发展的同时，全聚德却在倒退，这显然不是行业性的原因造成的，是企业自身的原因造成的，这样的企业似乎根本不能叫作优秀企业，所谓优秀企业一定是行业内的领导者，发展速度也应该是行业内的前几名。这样的企业就是管理层的原因造成的业绩倒退，应该提高警惕，最好是远离为上，并且如果确定是企业管理层主观原因造成的企业变差，就应该立刻卖出，没有片刻犹豫。

第十二章　投资的全过程回顾

投资是一个发现、分析、判断、买入、持有和卖出的过程，这个过程当中的每个环节都不能少，只有完成这六个步骤，投资的全过程才算是完成了，最终成果会反映出来。

一、发现

在寻找优质企业的过程中，根据历史经验，从我们的身边入手，从生活常识入手来发现优质企业更加容易。市场当中许多参与者，特别喜欢题材与概念，倒不是题材与概念不能参与，但如果打算长期依靠题材与概念来获得投资收益，那就麻烦大了。题材与概念在市场里更多是资金炒作的目标，很少会有长时间优异表现，这种股价的上涨与有业绩支持的优秀企业完全是两个结局，有业绩支撑的股价上涨（总市值增加）是能够获得长期认可的，并且上涨之后尽管也会有回撤，但最终市值还是会有相对应于净利润增长幅度的增加，而概念与题材的炒作是没有业绩支撑的，短时间内依靠资金的作用推升总市值，但当炒作资金撤出之后，企业市值几乎是哪里来再回到哪里去，很难长时间维持高位。

简单投资，从自己的身边入手，看看家里的冰箱里有什么，牛奶、榨菜等，厨房里有什么，酱油、醋、调味品、燃气灶、电饭煲等，房间里有什么，空调、吸尘器、定制家具，去寻找到细分行业的龙头企业，并且充分分析一下这些企业的未来，也许投资就已经取得了不错的收益。投资源于生活，买入股票也源于生活，源于常识，投资本身不复杂，是人们把简单的事情复杂化了。

二、分析

分析是投资的第二步。并不是我们看见了什么就投资什么。如果真的那么容易，人人都是投资大师了，人人都可以在股票市场里实现财务自由了。这里的关键就在于对企业的分析。当发现家里药箱放了一种药，那么是不是要去分析一下，这种药的生产厂家在行业内是什么样的地位，这种药品是仿制药，还是原研药，有哪几个竞争对手，企业在行业里处于什么位置，是领导者，还是追随者，对于制药企业来说，想要企业发展有延续性，那么在研产品就显得非常重要了，企业有哪些产品已经进入了临床，哪些将要报批，如果打算投资制药企业，这些都是必须要研究清楚的，任何行业赚钱都是不容易的，都是只有行业内20%的企业获得不错的收益，其他大部分企业是凑合着生存，不会有太多利润。想赚钱就要把自己的功课做好，这门功课就是对企业的分析与估值。首先分析企业的优势，当然这种优势是相对于竞争对手的，企业的获利模式如何，在行业内的地位以及未来的发展前景如何，把这些分析清楚了，剩下的就是定价问题，好企业也必须要有好价格才是我们投资的好目标。

企业的核心能力至少具备三个方面的特征，一是特别有助于实现顾客所看重的价值能力；二是企业所特有的竞争对手难以模仿和替代的，故而能取得竞争优势的能力；三是能力具有持久性，一方面维持企业竞争优势的持续性，另一方面是核心能力具有一定的刚性，概括起来说，企业的核心能力具有偷不去、买不来、拆不开、带不走、溜不掉的特点。

偷不去是指别人模仿很困难，如拥有的自主知识产权品牌和文化等；买不来是指这些资源不能从市场当中获得，人们认为人才是企业的竞争力，这通常指的是团队，一般情况下，单个的人才不能算是核心竞争力；拆不开是指企业的资源能力有互补性；分不开，分开就不值钱了，合起来才值钱；带不走是指资源的组织性，个人的技术才能可以带走的，因此，拥有身价高的人才也不意味着有核心竞争力；溜不掉是指需要不断提高企业的持续竞争力，今天拆不开，偷不走的资源，明天就可能被拆开被偷走了。

三、判断

判断一方面是对企业定性的判断，就是从总体上判断企业是否为优秀企业，可否进入备选名单，这是大方向的判断；另一方面是进入估值的判断，判断企业现阶段的股票价格是否合理，可否进行投资。

分析过程中应该要考虑的几个问题：

（1）这家企业是最近才上市的吗？

（2）这家企业的生意是否简单易懂？是否有优秀的经营历史？是否有良好的未来发展前景？

（3）这家企业赚取净利润吗？这家企业产生经营活动现金流量净额吗？

（4）这家企业的净资产收益率是多少？这家企业的销售净利率是多少？

（5）这家企业需要大量的资本支出进行厂房和设备的更新吗？

（6）这家企业的产品或服务可以随着通货膨胀不断提高价格吗？

（7）这家企业的总股本变化情况是怎样的，经常性增发吗？

（8）这家企业内部人士的近期交易情况是如何的，是否管理层经常性减持？

（9）这家企业的市值未来还有多大弹性空间，行业的市场空间有多大？

（10）这家企业买入以后，可以持有三年吗？

这些问题都是应该考虑到的，比如刚上市的企业一般情况下是不建议投资的，这是因为企业为了上市都会进行一些准备，那么上市以后的两三年往往股价会有所表现，随后可能就是漫长的回落过程，只有经营平稳，最好是上市五六年以后的企业，才是比较理想的投资目标，当然这也不绝对，还是具体企业具体分析，总之，上面的这些项目都应该在考虑范围之内，分析企业是投资的基础，如果有一些数据不知道多少是高，多少是低，就与市场当中同行业的白马类个股进行对比，只要一对比高低立判，如果这个功课没有做好，那么投资决策可能本身就存在问题。

四、买入

买入是决定投资成败的关键。换句话说，投资的收益如何，许多时候是买入之时就已经决定了。并不是说会买的是徒弟，会卖出的是师傅。买入的价格高低，会成为决定投资效果的关键因素，买入时的估值，与企业的生命周期有关，也与企业的类型有关，处于不同生命周期的企业，买入时考虑的条件是不同的，价值型与成长型的企业，买入的条件也是有区别的。买入的条件如果要总结成一句话，那就是在市场还没有发现企业目前已经严重低估的时候买入，这种严重低估有可能是因为恐慌下跌带来的，也有可能是未来发展向好带来的。

尽管说优秀的企业什么时候买入都是对的，但对于接触价值投资不久的投资者来说，如果买入价格严重过度，需要经过漫长的等待，这个时间可能是一年也可能是两年，这个过程还是相当煎熬的，如果没有足够的耐心坚持下来，割肉出局就成了必然结果，买入了后来上涨十几倍甚至几十倍的股票，结果还是亏损出局的惨剧，往往都是这样酿成的，为了避免这样的结果，也为了获得更高的投资收益，选择一个合适的买入点还是相当重要的。

价值型的买入时机可以大致用图 12-1 来概括：

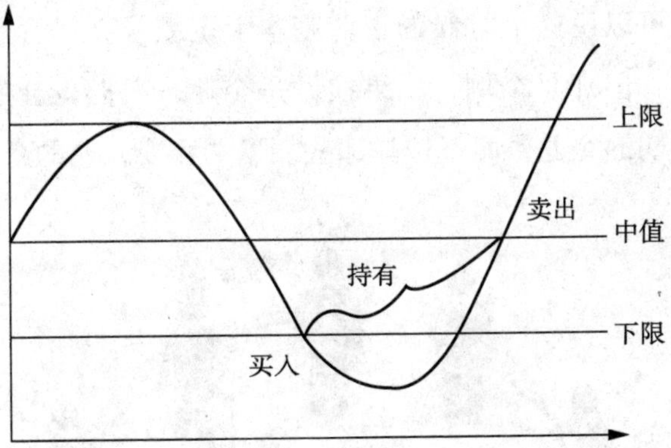

图 12-1　价值型的买入时机

成长型的买入时机基本上可以用图 12-2 概括：

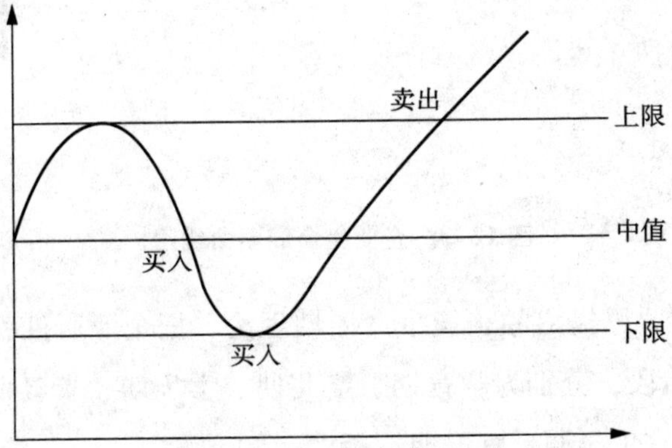

图 12-2　成长型的买入时机

（一）不同生命周期企业的买入条件

我们投资企业，其实也必须要密切关注其生命周期的变化，就像投资一个人一样，如果太小，显然未来会如何还非常难判断，但岁数太大，一切都基本定型了，未来即使再有发展，恐怕也前景有限了，我们要选择 15 岁至 60 岁之间的进行投资，为什么是 15 岁？因为这个时候智力基本上发育成熟，情商也大致有了一个初步反映，待人接物做事风格基本上已经确定了，学习成绩也有一个大致的判断了，未来能够考上什么样的大学，心里有数了，对于一个年轻人的判断大致是有轮廓的，而一旦超过 60 岁，人的身体也开始走下坡路了，精力变得越来越差，家庭的牵绊越来越多，再想取得更好的工作成就难度就大了，可以说这个时候的事业基本上定型了，尽管历史上也有许多大器晚成的案例，但那是个例，如果换做是企业，我们也会选择那些处于快速发展期与成熟期的企业，而不选择那些衰退期和婴儿期的企业。

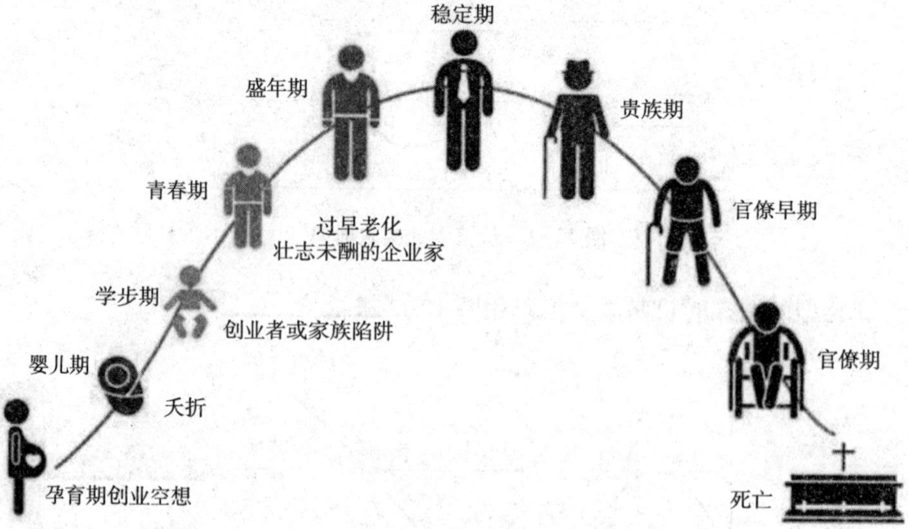

图 12-3　企业生命周期曲线图

伊查克·爱迪思提出的企业生命周期理论，把企业所处状态拟人化地划分为 10 个生命阶段，分别为孕育期、婴儿期、学步期、青春期、盛年期、稳定期、贵族期、官僚早期、官僚期、死亡。

与人类个体一生所经历的生命周期不同，企业所处的生命周期阶段与其存活时间和规模大小没有关系。企业可能成立不多时，却已患上贵族病；可能历经百年，但仍为盛年。

1. 孕育期：编织梦想

这个阶段企业还没有成立，潜在创始人酝酿创业梦想，对拟开创事业充满兴奋和激情。这个时期的介入者是合伙人和天使投资人，投资关注点包括：

（1）潜在创始人拥有足够的同理心，才能察觉市场需求，思考并提出富有前景的创业方向。这个阶段，创业精神的重要性毋庸置疑，但整合与向心力也不可或缺。

（2）潜在创始人的创业动机不应狭隘于对金钱的追求，应痴迷于创业本身，对创业想法和未来产品为社会提供高品质服务充满信心。若只关心投资回报率，该项目一般很难成功。

（3）正常的孕育期企业除了具备强大的创新创业精神，其他功能如执行力、一定的考核和流程能力、一定的整合能力也必须起步，它们可以体现在一份现实可行的商业计划中，无法经过现实检验的创业理想最终只是创业空想。

2. 婴儿期：忙碌

企业从成立、支付账单开始，就进入了婴儿期。婴儿期的关键词是忙碌和缺钱。婴儿期企业的介入多是风险投资资金，关注点包括：

（1）如果不能以销售为导向，遵循精益创业模式，资金问题会很快让婴儿期企业夭折。相较于销售导向，产品导向思维指导下，企业无休止地完善产品，加入新想法，在追求完美的道路上却越走越远。不尽快将产品投入市场检验试错，企业将因资金枯竭而被迫关闭，婴儿期的关键是要活下去。

（2）强有力的执行力是婴儿期企业能力的关键维度。应充分理解婴儿期企业管理上的高度集权模式，没有等级，没有聘用，没有考核，领导者事必躬亲不是致命问题。

（3）如果企业无法跨越鸿沟，有效的营收规模迟迟上不去，创业团队的自豪感和信心可能就会被消磨殆尽，最后的结局就是各奔东西。

（4）不应在意企业的现金流和利润表现。婴儿期企业厘不清真实成本，营收在增长，但企业可能在亏本经营。为进一步扩大市场，对资金的渴求也是婴儿期的典型特征。

（5）创始人在引入风险投资资金时，要格外注意投资人能否立足长远，投资人与创业团队能否在长期目标上达成一致，投资人能否给予营销、渠道、融资等支持。

3. 学步期：缺少聚焦

进入学步期的企业，其产品已经跨越鸿沟，得到目标客户群的认可，进入早期大众市场，业绩蒸蒸日上。这个时期企业创始人极可能会被胜利冲昏头脑，将业务的阶段性成功完全归功于自己超出常人的杰出才能，甚而认为自己无所不能。学步期企业不想放过任何赚钱机会，创业者的自负，让企业过早开启了多元化征途，缺少一致性和聚焦点是这个时期的典型特征。一定程度上，代表长期目标的创业创新精神在婴儿期的暂时歇息，让学步期企业不断对短期机会做出反应，直至年轻的肩膀不堪重负。延续于婴儿期的专制管理模式，没有约束权力的制度，在学步期开始助长了领导者的荒唐。

在内部运营上，充满激情的创业者开始厌倦于越来越繁杂的日常管理事务，随着企业规模和业务的扩展，不堪重负的领导人在不愿失去权力和想要摆脱纷繁的管理事务之间摇摆不定，进退两难。

投资者要关注学步期企业过于乐观的多元化节奏对企业的拖累，精力不断分散，让尚不具备明显竞争优势的核心业务也有被竞争者替代的可能。

4. 青春期：避免分道扬镳

当学步期企业遭遇一系列危机，被迫考虑发展考核和流程功能即尝试实现专业化治理时，企业的青春期就到来了。青春期是管理转型的过渡阶段，企业要从创始人专制型管理风格转换为专业化管理风格。创始人和经理人的冲突是青春期的突出表征。创始人理想中的经理人是“另一个自己”，创始人希望新经理“同我一样”，但又要求经理人能做“我已经做不了的事”，于是创始人经常走马换将。

对青春期企业，投资者关注的要点包括：

（1）权力斗争是否导致核心成员流失，企业是否因创始人团队离开而失去创业精神，过早进入贵族期。这种情况下，企业阶段性的利润表现，只是代表短期效率的流程和考核提升后的短期效应。没有了代表长期效益的创业精神的指引，短期效益只是昙花一现。

（2）青春期企业有高增长的营收，资产收益率也开始明显提升，企业身份是资本市场的“成长股”，估值高企。青春期企业的成败，取决于能否向专业化治理成功转型。建立起制度流程，同时制度化地保护创业精神的企业，将获得奖励进入盛年期。要注意防范因企业不能成功转型，甚而退回学步期引起的业绩和估值双杀。

5. 盛年期：兼具灵活性和控制力

企业从青春期成功转型，形成了合适的权力结构、制度化的管理流程，有控制和被鼓励的创造力，就进入了盛年期。盛年期企业灵活性和控制力达到平衡，是最理想的状态。

盛年期企业能够不断形成新的业务单元，业务单元逐渐成长为新的利润中心，从而构建了健壮的企业家庭，品类会衰亡，但企业却可以长盛不衰。

成为盛年期企业难，留在盛年期更难，企业需要格外保护好创新与创业精神，避免受到能够不断自我强化的流程和考核的压制，这是投资者的重点关注要素：

（1）灵活性下降、创业精神下降，是企业离开盛年期，走上衰退通道的征兆。如企业管理精力花在顾客和生产一线的时间越来越少，行政开支占比越来越高，会议争论越来越少，对短期目标的关注度越来越多。

（2）从销售导向到利润导向转变。如果营收增长减缓，但企业仍勉力维持了利润不错的增速，说明企业对于短期利润目标的重视程度越来越高。利润导向是企业离开壮年期的重要信号。

6. 稳定期：权力转移

随着创业精神流逝，企业就进入了稳定期，稳定期是企业面临的又一个转折阶段。一片欣欣向荣之下，企业越来越安于现状，保守处事，权力中心由一线部门向财务和法律部门转移。企业管理层越来越关注股价表现，并开始将目光移离市场和消费者。管理层为了保持影响股价表现的短期业绩，会避免冒险，压缩、削减立足长远的营销和研发预算。

稳定期企业财报业绩甚至比壮年期要好，充沛的现金流、持续的高分红，企业股价勇创新高，衰败的种子却悄悄埋下。投资者需要透过企业优秀的报表数据，考察企业是否距离市场和消费者越来越远，创新精神的式微让企业不可避免地开始从顶峰滑落。投资者下注稳定期企业，不排除不幸买在企业业绩历史最高点的可能性。

7. 贵族期：不要掀起波澜

创业精神下降后，接踵而至的是执行能力的弱化，其间能够不断自我强化的流程和考核越来越强大。贵族期企业以下表征开始显现：对表面形式的重视远远超出了实质内容；决策困难、集体决策，任何事都要经过众多委员会决意；对自身在市场上的退步和消费者的离弃反应迟钝。

资金充沛的贵族期企业大多采取并购方式，购买新的产品、市场和技术，以期弥补丧失的创业精神。遗憾的是，企业的“贵族范”，缓慢的、追求细节的决策模式会让新加入的小兄弟喘不过气来。贵族期企业错位的考核评估体系，迫使购入旗下的年轻企业以短期营收和业绩为目标，此举无异于“杀鸡取卵”。慢慢地，学步期企业的关键管理者可能会选择离开，留下一个再次失去创新精神的企业空壳。

8. 官僚早期：清算与问责

随着微弱的执行力和创业精神丧失殆尽，企业就进入了官僚早期。制度越来越多，与市场脱节愈加厉害，改革方案也根本无法通过并得到执行，企业的经营恶化也越来越明显，清算的日子终于到来。

与贵族期企业内部尚能维持表面的友好不同，陷入经营困境的官僚早期企业内部战火纷飞，内讧、中伤、问责不断。人人都忙于找出谁是真正的灾难制造者，最容易被当成“罪魁祸首”的是一线部门负责人和分管副总，有创造力的人或被赶走，或选择另寻门庭。管理人员越聚越多，创业型人才则加入了又选择离开。

官僚早期企业急切努力地恢复执行力，而选择的做法却是进一步强化行政管理，这彻底禁锢了创业精神，加速了企业毁灭。

进入官僚早期的企业，要指望通过各种力量使其逆向成长，重新焕发青春，重返盛年，是极其困难的。投资者要避免将因官僚化而陷入经营困境的企业作为困境反转投资标的。烟蒂型投资者则应在价格极度低估时分散买入，在估值适当回升后卖出，不可长期持有。

9. 官僚期：形同死树

官僚期企业靠着政府或其他外部力量救助，可能会暂时活下来。但由于创业精神缺失，根深蒂固的官僚系统，让有志于革新的、有创新精神的企业家无法站稳脚跟，最后剩下的任职者都是行政管理者，文件崇拜盛行，不管什么事情都需要书面报告，企业与外界隔绝，完全不在乎客户。这时的企业像一个黑洞，吞噬着输送给它的一切养料，却不能形成任何产出。

擅长并购重组策略的投资者可能对官僚企业的投资颇有心得，但普通投资者仍然要避免将因官僚化而陷入经营困境的企业作为困境反转投资标的。

判断企业的生命周期，对于我们买入股票来说是非常重要的，一方面生命周期的阶段与企业估值有着密切的联系，另一方面我们也要清楚地知道行业未来将面临着什么样的格局，也就是知道行业未来的发展方向，只有对未来做到有所判断，心中有数，才不会对即将到来的变化措手不及。

（二）有可能出现三年十倍的投资条件

任何市场当中的参与者，都希望自己能够尽快完成原始积累，马上过渡到财务自由阶段，但很可惜这样的机会不是一直都有的，在我们投资生涯当中也确实遇到过三年十倍的涨幅，出现这样的机会是有条件的，一般有以下几点：

第一，企业是一个高速增长的企业，曾经有过每年30%以上的增长速度，并能有一定的延续性。

第二，企业本身的市值现在不大，往往市值处于100亿元以内。

第三，整体市场的估值水平极低，或者说总体市场情绪极为低落，整个社会对于股市的态度非常消极，股市不是受人待见的资产。

第四，企业所在的行业在股票市场当中估值水平也是处于低位，行业发生某些特定的负面事件，导致整个行业受到牵连，多数个股的估值处于历史低位。

第五，在持有的过程当中，总体市场情绪有过一次比较高涨的表现，就像2015年那样的机会。

一般来说满足这五个条件，才有可能出现三年十倍的机会，举个例子来看，比如某企业正常的估值应该为30倍，每股盈利1元，每年的增长幅度为40%左右。现在由于宏观的原因，行业的原因，企业的估值被严重低估，股价只有15元了，现在是15倍市盈率，但企业的增长速度依然还是每年40%，那么三年后的每股盈利应为2.74元，按照原来的估值水平30倍来计算股价应该为82元，但由于三年后，市场情绪开始好转，由极端的悲观转为乐观，并且最近这三年企业的增长速度非常快，平均达到了40%，现在市场对于企业未来的判断过于乐观，给出了60倍的估值水平，那么股价就达到了164元，当初我们用15元买入的股票，在三年后就神奇的达到了十倍的收益。总结起来这三年十倍的收益当中，我们是赚到了市场三部分的钱，第一部分是极度低估的钱，本身估值应该是30倍，结果由于情绪的影响低估到了15倍，我们花了五折的价格买入了优质的企业，同时我们赚到了成长的钱，企业三年的时间利润上涨了接近三倍，EPS由1元达到了2.74元，同时我们还赚到了市场泡沫的钱，这是市场过于乐观送给我们的钱，这三部分收益的叠加创造了三年十倍的收益，如果没有严重低估，没有企业的高成长，或者没有市场的过度乐观，这三个条件缺少一个，都不可能实现三年十倍的收益。

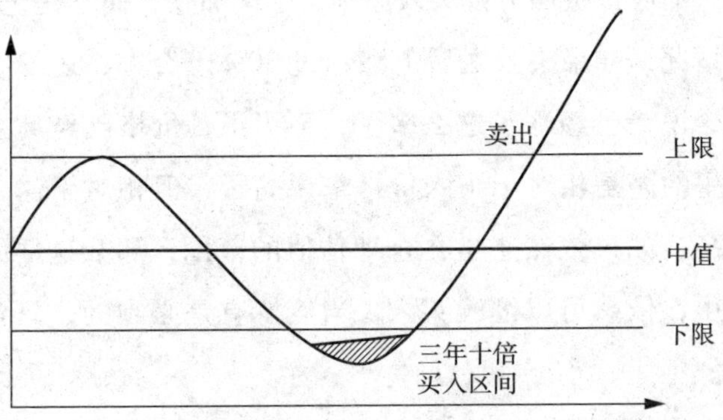

图 12-4 三年十倍的买入机会

五、持有的条件

在买入和卖出之间，就是不断持有股票，在整个投资过程当中最难的就是持股，许多时候曾经买到了后来涨十倍的股票，但卖出之时还是亏损的，就是因为没有持有到应该有的时间点，什么条件下应该持股呢？

买入之后下跌超 30%还要持有吗？这确实是个问题，特别是习惯了短线操作，下跌止损的投资者来说，跌到 10%就止损，不管企业质地，一切按照操作纪律来。按的纪律是投机的纪律，而不是投资的纪律，即使是在低估的时候买入的股票，也不能保证股价就不再继续下跌了，在 A 股这样的市场当中，经常会发生极端情况，本身股价已经低估了，再跌上 30%那一点也不稀奇，等到跌到底部再买入，当然谁都想买最低点，但多年的经验告诉我，没有谁能够准确判断股价的最低点，那是不可能实现的任务，我们只是买入到低估区域，而不能要求买入到最低点，当股价严重低估，符合买入条件的时候就要开始分批买入，而不是等着最低点出现，神仙也不知道这个最低点出现在什么时候。

所以买入之后继续下跌，是再正常不过的事情，试问哪位投资大师没有被套过，从来没有被套的只有两种人，一种是从来没有买入过股票的人，另一种是骗子，只有不买才不会被套，否则只要买入过股票，那么一定会被套，如果买入股票超过 100 次，这是一定会发生的事情，当严重低估时买入了，股价继续下跌，那应该按照分批买入原则，继续加仓，而不是止损卖出。

另外一种情况，如果买入之后上涨超过30%怎么办，还继续持有或者买入吗？很多人会说，已经涨了这么多了，不买了，价格已经高了，看上去很有道理，但这里的高是相对于买入价格来说高了，但相对于这个企业的合理估值来说并不高，如果依然还是在合理估值的范围，那么这样的上涨，并不是不买入的理由，依然可以继续买入，当然持有是必须的，只要不高估自然是继续持有。

还有，当市场出现剧烈震荡的时候如何处理，还继续持有吗？答案是是，市场是否震荡与是否操作没有关系，操作应该严格按照估值来进行，只要股票价格依然还处于合理区间内，并且企业没有变坏，那么大盘的波动，与操作没有任何关系，不管大盘是涨还是跌，你都应该持有。

简单总结来说，只要企业质地依然优秀，估值还在合理区间，那么不管大盘如何震荡，也不管持有股票的涨跌，只要没有突破合理估值的区间，并且企业持续优秀，那么就应该持股，而不需要进行操作。

六、卖出

一买一卖，才是一次完整的交易，既然已经买入了，那么总是要卖出的，虽然我们的理想是买入一只可以一直持有而不卖出的股票，但现实告诉我们，这样的可能性还是极低的，一般来说持有个三五年可能最终还是要走到卖出这一步，那么不管是买入还是卖出都是有条件，都必须按着条件来执行。

（一）买错了

所谓买错了，就是在买入之前的分析过程当中犯下了错误，本身企业没有预想的那么优秀，高估了企业的质地，导致买入的时候就买错了，这种错误是一定会犯的，投资过程当中充满了不确定性，唯一确定的就是我们肯定会犯错误，犯了错误就要改正，那么发现错误最简单的处理方式，就是马上改正，对于股票投资来说，马上改正，就是立刻卖出买入的劣质企业，这样成本最低，效果最好。

（二）变坏了

就是说买入时一切正常，企业也很优秀，买入的估值也合理，但随着时间的推移，比如已经持有了三年，企业的质地发生了改变，企业没有以前那么优秀，变坏了，那么既然变坏了，肯定已经不符合继续持有的条件了，就只有将它卖掉。

（三）太贵了

是说买入之时一切正常，企业优秀如常没有改变，持有到现在企业依然还是相当优秀，不同的就是由于市场对于企业的期望过高，导致企业的股价严重过高，已经超出了估值的上限很多。那么这个时候是要适当减仓的，即使不全部卖出，也要减出一部分的仓位，当企业透支了未来两年的收益时，卖出就是必然的选择。价值投资也不等于一直持有不卖，只是看是否符合条件，只要符合了条件应该还是要采取措施的。

（四）要换了

这更好理解，是说现在持有的企业一切正常，估值合理，企业优秀，但是，投资者发现了更好的投资目标，估值更低，企业更加优秀，那么自然是要换掉的，以更低的价格买入更加优秀的企业，当然是可行的方案，那么换股就是可以进行的，当然换股这种操作一般来说需要谨慎对待，毕竟现在持有的企业可能已经跟踪了三年甚至于更长的时间，对于企业，对于行业更加了解，而新发现的企业，可能才只做了基本了解，还没有深入研究，那么一定把功课做好再去换股。

（五）合理性

要兼顾自己投资组合的合理性，不能让一只个股占总资产的比例过高，如果这种比例超过 50%，可以适当调整，但这并不是刚性的，投资的原则是一定买自己了解和熟悉的企业，而不是为了组合而组合。

（六）哪些情况下应该急卖

在符合卖出条件之后，自然是要选择卖出的，但符合的卖出条件本身是一个区间的概念，比如高估了，可能 60 倍市盈率以上都叫高估，那么是 65

倍卖，还是到了60倍就卖，这显然是一个问题，卖出的具体价格肯定是一个点，但估值给出来的是一个区间的概念，这个时候要确定这个卖出点。比如当股票价格严重高估的时候，那么心里就要知道，现在是处于卖出区间，什么时间点，什么价格卖出，完全可以参考技术分析，比如高位形成死叉那么自然是可以卖出的，技术分析不是没有用处，只要结合着估值，一定能够发挥它的完美作用。

当发现我们买入的企业，没有预想那么优秀之后，应该第一时间选择卖出，这个时候不要再抱有幻想，不要想着再等一等，或者哪怕少亏损一点也行，投资当中犯了错误，就要马上认错，市场不会按着我们的设想来运行，少亏一点，或者到了成本就卖出，那是理想状况，但这很难实现。只要确定自己买错了，立刻马上卖出，跟你赚钱还是亏钱没有任何关系，这是刚性的，是马上要去执行的，因为投资最可怕的就是持有了一个劣质的企业，持有的时间越长亏损越多，相反当发现企业变坏了的时候，要具体分析是如何变坏的，如果是企业管理层自身变坏了，那么必须马上卖出，意味着企业没有了进取精神，没有了竞争力，就像在现实当中合伙开饭店的管理者不再进取了，不再精心管理了，那么还跟他合伙做生意吗？显然不会，那需要即刻卖出，但如果不是管理层的原因导致的企业变坏，是行业的原因，是全行业增速放缓，那要考虑这种造成全行业变差的原因是什么，如果是整体宏观经济的原因，那可以进一步观察，不必着急马上卖出，如果是政策影响企业发展速度变差，并且这种政策的因素短期内不会放松，那么可以认为是企业实质性变差了，那就要即刻卖出了，在整个市场当中，我们必须要清醒地认识到，政策的影响是巨大的，是企业所无法对抗的，如果遇到了这样的情形，那早点行动总是不会错；如果企业的估值严重偏高，那么显然是符合卖出条件的，但并不是急着马上卖出，要看技术情况来决定，只要技术上没有走坏，那么自然可以持股，即使是高估了，但并不代表股价不再继续上涨，如果到了高估线就卖出，那么可能会错过后面的涨幅，所以不要急着卖出。

第十三章　你会看盘吗

我们看盘是看企业变化，看行业变化，看政策变化，而不是看价格变化，不是看图形的变化，更不是看压力与支撑，大单与小单，这些其实都没有意义。因为这些不能够成为决定股价长期涨跌的核心因素，都是短暂的，是干扰因素而不是决定因素，决定长期股价涨跌的只有企业的利润这一个因素。

一、看盘的目的与方法

我们看盘的目的，就是要去观察企业的变化，这才是核心，因为投资本身就是在与企业一起成长，一起发展，如果企业变差了，那么投资成果也必然不会好，如果企业变得越来越优秀，那么我们的投资也会越来越好。我们所有的关注点都在企业身上，在行业的发展趋势上，在相关政策的变化上。

我们会经常关注企业的公告，看看企业在做什么，有什么新的决策，打算着重发展哪一方面的业务或者进入哪个领域，企业的重大事项，必然都会进行公告，比如企业的重大人事变动是我们关心的，而今天是涨了还是跌了，这些其实没有什么意义，特别是一两天之内的涨跌，这可能与企业基本面没有什么关系，更多是消息或者资金进出的影响。

从具体事项来说，我们更加关心企业发展方向的变化、重要人事变化、企业竞争对手的发展情况、企业所在行业的政策变化，以及总体行业的发展趋势，这些都是我们关心的要素，当然也会有相当的时间，用来看行业内的研究报告，特别是深度研报。

二、政策对于投资的影响

投资的过程中，我们一直都在寻找确定性比较强的机会，不管是以优秀企业为基础，还是以行业发展的判断为基础，核心都是要找到确定性强的企业来投资，其实政策的变化对于企业的影响是深远的，行业政策的变化就是行业内利益的重新分配，比如当年的土地出让政策的转变，导致了房地产市场的重要变化。

从严格意义上来说，世界各国的股票市场，都受到政策的重大影响，不只是A股市场，美股市场也一样，由于美国新一届政府的减税，加大基建投入也导致了股票市场牛气冲天，当然最近有一些回落，那也是大涨之后的回落，而不是熊市当中的杀跌。想要做好投资，就必须深刻理解政策的变化，政策的变化就是利益的重新分配，就是投资机会显现。

同是一个经济体，财政政策、货币政策、利率变化等都会对投资造成一定的影响，特别是短期的市场波动，更多地受到这些因素的干扰，长期看决定企业总市值的唯一因素就是企业的盈利能力，但短期内股票价格的波动却可能与企业的基本面没有任何关系，甚至于完全相反，但却与政策息息相关，比如新能源汽车补贴的政策，造就了锂电池行业一波大行情，比如积极的财政政策让我们了解到，增加财政开支进行基础设置建设，那么显然相应的基建类个股会从中受益。

而对于市场的总体短期波动来说，也会更多地受到货币政策的影响，当 M_2 高速增加的时候，股票市场更容易出现牛市行情，而当货币政策收紧的时候，市场上总体的货币供应量减少，资金成本增加，这种政策对于短期行情的影响还是非常巨大的。

尽管我们最终的着眼点为企业，但也不可避免的受到产业政策的影响，甚至于有的时候一个政策的出现会导致整个行业的投资逻辑出现巨大变化，比较上年出台的仿制药带量采购，这显然就导致了整个行业的重新洗牌，甚至于多数企业可能连生存下去的机会都没有了。

当我们选择二级市场投资目标时，也要有这方面的考虑，要清楚地知道产业政策的导向是什么，鼓励发展什么，鼓励的方向就是我们努力的方向，而政策限制的方向，自然是不碰为佳，不要走向政策的对立面，那样是不会有好结果的，所以作为投资者，必须要对政策保持敏感性，不要后知后觉，更不能政策已经出台了，还完全没有理解它的作用，政府是整个经济当中最强有力的参与者，既然我们参与到这样的市场当中，那么就要遵守它的规则，否则就会成为规则的牺牲品。

在A股当中影响股价涨跌的政策因素非常多，简单总结起来有这几大方面：

（一）产业政策方面的因素

产业政策的变化一般会影响投资者的信心，特别是产业政策的变化尽管短期只是会影响投资者的心理变化，但长期确实也会引起企业盈利的变化，甚至由于政策的影响，会导致企业生存模式的改变，比如影响很大的4+7采购政策，显然这样的政策会导致仿制药这个行业发生剧烈变化，导致行业洗牌，许多企业的生存环境发生彻底改变。

（二）经济政策方面的影响

这里的经济政策所指的范围要远远大于产业方面的影响，比如最近几年的连续去杠杆，这对所有行业都会产生重大影响，再比如货币政策与财政政策的变化，这些都会从宏观上影响投资者的信心，影响整个经济的走势。

例如，如果政策利好，则投资者信心增强，资金入场踊跃，影响供求关系的变化。如果政策利空，则影响投资者的信心减弱，资金就会流出股市，从而导致股市下跌。

（三）金融方面的政策

当然笼统地说金融方面的政策，是相当广泛的，比如对于场外配资的态度，2015年会有大行情，相当重要的一个原因是有场外资金的参与，因为资金入市的渠道增加，导致了市场的大幅上涨，那么后来的行情结束，踩踏式下跌，也是因为场外资金被严管导致的，这样的政策变化，对于短期的波动影响是巨大的，甚至于对加杠杆参与股市投资的人来说是致命的，这是我们所不希望看到的。

应该清楚看到，我们的市场总体上还是一个强政策干扰市，政策对于市场的影响是巨大的，在选择投资方向和时机的时候，不得不考虑政策的影响，不能对于政策的变化视而不见，政策会影响整个经济，任何一家企业也不能例外，自然也包括投资的个股。

第十四章　关于市场的几个问题

在股票市场里，总是会有一些问题困扰着我们，也只有把这些问题的实质看清楚了，才能更好地在市场里生存和发展，才能走上正确的投资之路，而不再为这些问题所烦恼。

一、市场是零和游戏吗

许多参与股票市场的人，都在说股票市场本身是一个零和游戏，你赚的钱就是别人亏的钱，双方都在进行着一件损人利己的事情，把自己的幸福建立在别人的痛苦之上，或者说本身这个市场并没有创造价值，仅仅是一个资产转移的场所，那么真是这么回事吗？如果不能把这个问题思考清楚，那么你进入市场的初衷就会出现问题，也很难赚到市场的钱。

客观地说，股票市场有零和游戏的性质，但显然也不完全是这个性质，要看你如何来应对市场，或者说你打算做什么样的投资者，是短线，还是长线，是价值投资还是技术分析，这决定了股票市场的性质。

如果你是做短线的，特别是超级短线的，那么市场本身不只是零和游戏还有可能是负和游戏，因为还要交税费，总体来说是会使资金总额减少的，但如果是做长线，持有时间足够长，有时间让企业创造价值，那么显然这个市场就不是零和游戏，而是正和游戏，参与各方均能从中受益，如果你只持有一天，那么股价的变化与基本面完全没有关系，无论涨跌都是消息的影响，这就无法判断是零和游戏还是正和游戏，只有是看消息的情况来确定，而如果相反，你持有的时间足够长，并且企业是优秀的，那么一定会创造价值，新创造出来的这部分价值，会体现在股票市场当中，也就自然会使得企业价值增加，股票价格上涨，那么也就肯定是正和游戏了。

所以股票市场本身是不是零和游戏取决于你如何来对待市场，市场就在那里，你怎样面对它，它就怎样回应你，总之，它会处于不败之地，如果做错了，失败的只有你，对于投资者来说，股票市场是一个四方共赢的市场，对于短期参与者来说，它本质上就是一个负和游戏。

二、长期持有一定是价值投资吗

在市场当中，有这样的统计数据，频繁交易很难赚到钱，最近的统计数据也说明了这一点，截至 2017 年底，沪市的个人投资者贡献了总交易量近八成的交易额，且相当于机构投资者 5 倍的交易额。至于盈利方面，个人投资者在总盈利规模中仅占据不到一成的比例。简而言之，则是 A 股市场的散户在整个市场中占据了八成交易量，但盈利仅占不到一成，这对于普通散户而言，显然不是理想的结果，频繁交易并没有让散户赚到钱，那么如果相反呢，要是一直持有不动，是不是就一定会赚到钱呢？这也是一个值得我们细细思考的问题。

既然频繁交易不能赚钱，那么要是一直持有不动呢？是不是就可以一定赚了呢，我的答案是不一定，这里的核心问题，是要解决你持有什么个股的问题，如果这个问题不能解决，那么持有的时间再长，恐怕也不见得会有收益，也许还会亏更多，长期持有的一个重要前提就是要持有优质的企业，如果企业不优质，那么你持有的时间越久恐怕会亏得更多。

一般而言，只要你选择的企业不是特别差，如果是行业中等以上的企业，那么时间久了总是会赚钱，区别就在于赚多与赚少的问题，但如果你选到了市场当中比较差的 20%的企业，恐怕想赚钱难度就比较大了，如果想要长期持有，不理会市场短期波动，那么首先去选择一个市场里的优质企业，然后再去考虑持有的问题。

三、在中国能够进行价值投资吗

常听人说中国不适合做价值投资，其实，适不适合做价值投资，不是看什么地方，而是看人。虽然美国是价值投资发源地，美国股市也很成熟，但美国做价值投资的还是少数，因为很多美国人也不适合做价值投资。适合的人在哪里都适合，不适合的人在哪里都不适合。

这种适合不适合，其实更多的是在投资者的心里，或者是在于如何来判断，如果你天生价值观就不是走投资路线的，那么显然不可能认为股票市场适合价值投资，即使你在美国股票市场进行投资，也不会走价值投资的路线，本质上来说股票市场是价值观的变现。

另一方面从现实的角度来说，投资是什么？投资的本质意义是我们与上市企业的大股东合伙做生意，就跟现实生活当中你与哥们儿合伙一起开饭店是一个道理，这就是价值投资的本质，就是合伙做生意，那么请问在中国的市场环境下，可否合伙做生意，在现实当中有没有人合伙做生意，我想这个答案是非常简单的，那么既然现实生活当中能够合伙做生意，那为什么不能在股票市场里也以合伙做生意的角度来理解股票，来进行投资呢？

现在多数企业都是几个主要股东合伙出资，合伙经营，单打独斗的时代已经过去了，一个人想当孤胆英雄的难度越来越大了，没有团队的配合，没有大家集体努力很难做成一番事业。在现实当中如此，在股市里也是一样，如果选出来的是优秀企业，那就要拿好不放松，一直走到底。

从严格意义上来说，不是中国能否进行价值投资，而是你想不想走价值投资这条路，你是否认可股票的本身含义，是否理解什么是股票，股票本身就是企业的一小部分股权，是实实在在的，不仅仅是交易的筹码，即使它有这个功能，但这并不是它的全部。

四、T+1 与涨跌幅限制的利与弊

我们的股票市场，规则方面还是有许多特色性的安排，比如涨跌幅限制，比如 T+1 的交易制度，当然从这些安排的初衷来说，都是为了保护投资者的利益，但从效果来看似乎并不特别理想，不管是涨跌幅限制还是 T+1 的交易制度，从市场效率的角度来说，似乎都没有起到太好的作用。

从我的理解来说，涨跌停板制度，加剧了消息的影响，降低了市场效率，客观上也起到了助涨与助跌的作用。

所谓加大了消息的影响，是指由于A股市场本身情绪化比较严重，在涨跌停板制度的情况下，容易形成连续涨停与跌停，使得消息的影响扩大化，本身可能波动10%就可以被市场消化掉，但由于有涨跌幅的限制，导致市场会用更长的时间才能完成，使得市场反应时间加长，特别是当出现重大消息的时候，即使需要下跌或者上涨50%，在没有限制的情况下，一天的时间也完全可以反应了，但由于涨跌停的限制，时间会拉得更长，也会出现更多的涨跌停板数量，同时由于许多资金无法进出，导致投资者的资金使用效率也会降低，看似一天只有10%的变化，但由于时间的延长，其中涨幅与跌幅反而更大，并且从投资者的心理上来说，也是死刑斩立决改变为凌迟，结果是一样的，只是死的过程更加痛苦，这种助涨助跌作用还是相当明显的。

从提高市场效率的角度来说，这种限制本身并没有起到积极作用，当然也没有起到保护中小投资者利益的作用，只是由突然死亡变成了缓慢死亡，但死得更惨烈，并且连断臂求生的机会都小了许多。

所谓T+1的交易制度，是指投资者当天买入的股票不能在当天卖出，需待第二天进行交割过户后方可卖出；投资者当天卖出的股票，其资金需等到第二天才能转出。1995年，基于当时过多的防范股市过度投机风险的考虑，沪深两市的A股和基金交易由T+0回转交易制度改为了T+1，并一直沿用至今。从出发点来说，建立起这种交易制度，主要目的还是在于防止过度炒作，当天买入的股票不能卖出，只有隔天卖出，从抑制投机的角度来说确实起到了一定的作用。

但从股市本身来说这样的制度也有相当的不良反应，股票市场本身就是一个进行灵活交易的场所，并且以交易来定价，这种T+1的交易制度，在减少投机的同时，也使得一部分资金量小的投资者无法进行日内交易，但对于大资金量的参与者来说，这样的制度根本不会造成障碍，这就形成了交易体系的不对称，大资金可以日内交易，而小资金只有T+1交易，人为地造成了交易制度上的不对等。

同时现在的期货市场也是可以进行日内交易，一方面是股票市场的T+1交易，另一方面是期货市场的日内交易，显然这再次造成了交易规则上的不对等。对于市场来说，要充分的市场化，人为干预越少越好，回归本源也许是最好的选择。

五、如果放开涨跌幅限制，技术分析还管用吗

我们都知道在股票分析这个领域，有相当大的一个门类是技术分析，所谓的技术分析，更多地是依据股票历史上的成交量、均线、成交价格的变化来判断未来股价的走势，那要是以后完全放开了涨跌幅限制，你觉得技术分析还管用吗，特别是那些所谓的涨停板战法，或者什么量价天机之类的技术？

至少我们可以确认，放开了涨跌幅限制，那么所谓的涨停板战法一定会失效，因为已经没有涨停这种说法了，也不可能出现涨跌，不管是多大的利好，市场都会在一天的时间内反应完成，不管是什么级别的利空，也同样在一天之内反应完成，甚至可能是开盘 20 分钟就已经充分反应了市场对企业的认识，那么利用大资金封涨停的方法将不再适用，并且当日买入的股票可以卖出，可以有地的降低市场的过度投机，比如一些垃圾股就不大可能出现连续 N 个涨停板的现象，只要有超出正常范围的上涨，就会有一批人等待着卖出，并且有可能会一天之内交易多次，那么投机与操纵的成本将更高，市场也将更加趋于理性。

六、为什么学习价值投资的人一直很少

纵观整个投资世界，似乎学习价值投资的人一直都不多，就像巴菲特所说的，不要指望着价值投资能够蔚然成风，这几乎是不可能的事儿，为什么认同股票是企业股权的一部分这个基本前提的人很多，但是进入二级市场之后，选择做价值投资的人却又非常少呢？

首先，价值投资的门槛实在有些高，首先要有一大笔闲钱，因为价值投资追求的年化收益也就是 20%以上，如果只有个十万八万的，这点收益完全不疼不痒，没有感觉，怎么也要七位数吧，可是因为价值投资的增长规律，这笔钱又很难通过价值投资赚到，这就需要我们在别的地方赚钱然后把赚的钱投到股市中来。可是，我们既然能在别的途径赚到七位数，那么为什

么我们不继续做那个老本行，还要来我们不熟悉的股市呢？这简直就是一个悖论。

其次，价值投资者必须对时间极度不敏感，同时还要没有什么欲望，生活还要没什么突发事件急需用钱，佛系是远远不够的。不想购买各种奢侈品，不天天看股市，不听消息也不上雪球，唯一的希望就是长寿，漫长的投资时间才能带来足够大的回报。而不进行价值投资的朋友听到这些往往会怼一句，那活着还有什么意思呢？或者是，十年之后我都多大岁数了？有钱也未必能还能花了，言下之意，有钱还有什么用？

最后，价值投资本身不是着急能够解决问题，试问进入股票市场的人，有谁不是想着来市场捞一把就跑的，恐怕80%的人都是这样的想法，都想着趁着行情好赚一把就走人，结果刚开始还赚点，后来随着市场不断调整，把本金也套牢了，被迫长期持有，这个时候觉得自己是价值投资了，其实这本身是被迫的无奈之举，并不是你的初衷，自然也就不是价值投资。

所谓的价值投资，本身就是来做股东，不是炒股炒成了股东，是进入这个市场就是来做股东的，与你在现实生活当中参股企业做股东是一个道理，完全从股东的角度考虑问题，做出决策，这才是投资应有的立场，而不是交易者的心态，不知道股票背后的企业怎么样，不了解管理如何，只是想着做差价，而现实当中多数人的心态都是短线交易的心态，都是想着赚快钱，都听说了天天涨停板战法，但这本身也是自欺欺人的，不用每天一个涨停板，就是每周一个涨停板，你知道一年下来你会赚多少倍吗？大家都有计算器，自己算一算吧。其实不是愿意学习价值投资的人少，是因为愿意脚踏实地的人少了，所以才会愿意学习价值投资的人少了。

七、现实当中投资企业与投资股票市场的联系与区别

在现实当中，如果你与朋友一起开了一家饭店，那么你们一定是非常了解的，不同的是可能你不参与管理和经营，仅仅是单纯的财务投资者，年终拿分红就行了，那么你肯定不会因为马上过国庆节了，而先卖出自己手里的股权，等到国庆节后再买回来，一方面是这样做的成本很高，要签各种协议，

还要去工商部门过户，还要征得股东的同意，但是持有股票就不一样了，你可能因为担心放长假，就先卖出了股票，想着长假结束之后再买回来，这是经常会有的想法，也有人经常这样做，还觉得自己做得非常正确，能够回避风险。这是现实当中投资企业与投资股票的第一个区别：进出的方便程度不同，这种不同决定了对于股权的态度不同，二级市场的股票，你不觉得它是股权，而更多的觉得它是一个交易的凭证，但它本质上就是企业的一部分股权，正是因为你觉得二级市场与现实生活不同，才会有这样的认识；另一个不同是涨跌的幅度没有变化那么快，现实生活当中，即使你要转让股权，也是转给懂行的人，如果一个完全不懂得饭店经营的人，可能也不会接手你的股权，既然你的交易对象为业内人士，那么一定对这个行业相当了解，能够给出一个合适的估价，即使价格有些偏差，也不会特别离谱，但股票市场就不同了，多数参与者对本身持有的股票没有认真研究，对于即将要买入的股票也没有做好功课，完全就是凭感觉，看图形交易，那么自然也不知道这些股票的价值几何，应该出多少价钱买入是合适的，就会把价格抬到很高或者压到很低，也就是严重的高估或者低估，特别是在极端的牛市或者熊市当中，这样的现象更是普遍存在，这种极端情绪下，容易引起股价的大幅波动，这是二级市场的特点，而在真正的现实生活当中，股权的价格是不会有如此大幅度的波动的（在企业没有发生重大变化的情况之下）。

另外一个区别是，在现实生活当中，人们很少去投资自己不太懂的行业，即使看上去这个行业的前景非常诱人，至少也会认真研究与学习，才会去谨慎地投资，而在股票市场里这样谨慎小心的投资者就非常少了，只要看上了某个企业，不在乎自己懂不懂，看着图形好看，看着企业诱人，就打算去买入，完全没有问问自己，对于将要买入的企业有多少了解，对于这个行业是否认真分析过，似乎这些都不是问题，如果动手晚了就错过了上涨的时机一样，急不可耐地杀进去，被套了之后才想去研究一下企业吧，这可是完全应该买入之前做的功课，被套之后才补课当然是晚了，学费是必须要交的了。

本质上二级市场的股票投资是一级市场的延续，股票投资本身也是源于生活，尽管两者还是有一定的区别，但核心都是一样的，都是企业的股权，都是源自于现实，如果脱离了现实单独去考虑股票投资，那必将遭受重大损失。

八、稳健型投资者与成长型投资者的收益率比较

一般我们把价值投资者分为两种，一种称为价值型的，一种称为成长型的。价值型的又称为稳健型，以巴菲特的老师格雷厄姆为代表，而成长型的则以成长股之父费雪为代表，不管是稳健型的还是成长型的，他们的基本出发点都是一致的，就是买入股票就是买入了企业的一小部分股权，就是要在自己能够理解的行业范围之内，认真分析企业，以合理的价格买入优质的企业，但这两种类型的投资者对于买入价格、卖出时机的判断是不尽相同的，自然取得的收益也不尽相同。

从历史数据来看，稳健型的投资者取得了更好的投资收益，而成长型的略差一些，尽管也是正收益，却没有稳健型的高，这恐怕与他们取得收益的方式有着重要的关系，稳健的投资者是在企业被严重低估的时候买入，或者说买入之时就已经知道自己能够赚钱，只是什么时候赚钱，也许是等待一年，也许是两年，但市场一定会发现它自己的定价错误，等市场恢复到正常定价模式之时，就是稳健型投资者赚钱的时候，或者说稳健投资者是赚市场错误定价的钱，是赚市场极度恐慌而带来低估的钱，这种钱是跌出来的，是低于正常估值的钱。而成长型投资者是用正常价格买入自己认为优质的企业，正常价格说明没有低估，但高速成长并不是100%确定的，没有谁能够判断一只个股会100%高速成长，一旦这种判断出现偏差，高速成长没有如期到来，那么会怎么样？恐怕股价就会出现比较大幅度的下跌，并且从行业发展规律来说，任何高增长都是不可能一直延续的，都会向着行业平均值回归，那么对于高速增长的企业来说，增速下降，回归到正常水平就是必然的，也就意味着股价出现双杀是必然的，而相反对于已经严重低估的价值型个股来说，其已经被严重低估，再次被双杀的可能性非常小，倒是有可能出现企业增长的超预期，出现双击的情形，这双杀与双击之间的差别是巨大的，两类型的投资者获得的收益也是巨大的。

由于取得收益的原因不同，稳健型投资者获得收益的概率更大，而成长型投资者获得收益的概率相对偏小，这就决定了两种类型的投资者最终获得的收益不同，或者说是因为买入之时的判断依据不同最终决定了不同的收益。

九、为什么要选择低估值投资方法

在投资的领域，有两种模式可以选择，一种是高增长高估值，另一种是低增长低估值，有一些投资者喜欢快速增长的企业，而另一些则是持有相对低估值，但成长速度也慢一些的个股，这两种模式哪一种更好，如何选择才是理想的投资方式？

从长远来看，投资收益最终取决于企业的成长速度，也就是说高增长的企业，会带来更好的收益，而低增长的企业，相对来说收益低一些，从这个角度来说当然是高增长的企业更加值得我们持有，但任何事物都有两面性，高增长同样也意味着高风险，这里的风险分为两种，一种是企业高增长不能维持的风险，任何企业想要维持高于行业平均的增长速度都是相当困难的，特别是长时间地维持，都需要更多的努力，更多的付出，并且终将有一天会向行业平均增长速度回归，当回归开始的时候，第二个风险就来了，就是由于增速放慢，而引起的股票市场的双杀，一方面是估值水平的下降，另一方面是盈利能力的下降，两者叠加会导致股价几何级数的下降，这是高增长企业的优点和缺点。而低增长低估值的企业，由于本身现在估值水平已经相当低，并且增长速度已经处于较低的水平，相对来说再次大幅下降的可能性更小一些，那么被双杀的可能性也就小了许多，如果万一什么时候行业性好转，或者企业的经营再次开始加速，还有可能带来估值水平的提升，换句话说，低增长低估值，由于本身现在市场的预期已经很低，已经被双杀过，那么再次双杀的可能性已经不大，反而，还有可能存在双击的可能。

曾经我们都选到过一只或者数只大牛股，但最终我们却没有在这只股票上赚到钱，就像你身边的朋友一样，你在与他沟通的过程当中，都说自己曾经买到过茅台，也曾经买到过一百亿市值的东方财富，然而当它涨到二百亿市值的时候就已经卖出了，这已经是不错的结果，还有人可能还会在这样的大牛股上亏钱，一个原因是没有耐心持有到它上涨几倍，有所收益就卖出了，另一个原因是买入之后就经历了漫长的下跌，在下跌的过程当中过早的止损了，那么买到大牛股而亏损就成为了事实。这种亏损显然不在选股上，选到的股票都是质地优良的，都是长期的大牛股，而在于买入价格上，也就是我们讨论的核心，为什么要选择低估值的股票进行投资，或者你思考一下，这句话是否正确，只要价格足够低，任何企业都是可以投资的？这句话正确吗，当然仅限于讨论A股市场。

个人认为价格永远是投资过程当中不能绕过的一个重要门槛，再优秀的企业也必须要在合理的价格范围之内投资入股，若以过高的价格买入了优质的企业，短期内可能会遭受重大的亏损，甚至可能造成永远性的损失，并且也不利于投资者走上价值投资之路。

我们来举例说明价格的重要性，即使是A股市场当中最差的企业，只要它股票的市值明显低于企业的破产清算价格，那么也可以进行投资，并且这本身就是格雷厄姆使用的方法，从1936年起至1956年格雷厄姆退休，其经营的格雷厄姆纽曼公司的年收益率不低于14.7%，高于同期股票市场的整体收益率，济身于华尔街最佳的长期投资收益之列。显然只要买入的估值足够低，那么一定能够获得正收益，并且是远远跑赢指数的收益。

西格尔教授的研究表明，成长股的收益率远逊于价值股的收益率，其从三个方面进行了验证：

首先从股息率的角度来考虑，成长股为了获得高增长，往往派息较少，而价值股再投入较少往往派息较多。西格尔教授以股票派发股利的多少为指标将企业分成了5类，统计了1957年至2006年期间这5类企业投资者的回报率，发现股利最高的企业投资者的回报率也最高，股利最低的企业股利收益率也最低。

其次从市盈率（PE）的角度来考虑，成长股受公众瞩目，成长股的市盈率往往较高，价值股的市盈率往往较低。西格尔教授以市盈率的高低为指标将企业分为5类，统计了1957年至2006年期间这5类企业投资者的回报率，发现市盈率最低的企业投资者回报率最高，市盈率最高的股票投资者回报率最低。

最后从市净率（PB）的角度考虑，成长股的PB往往较高，而价值股的PB往往较低。在统计PB这个指标的时候，西格尔教授认为账面价值对投资者收益率的影响小于股利收益率和市盈率，原因是随着时间的推移，知识产权对一个企业的重要性越来越大，单纯以账面价值来衡量企业价值会存在较多缺陷。于是在PB这个指标的基础上，西格尔教授增加了一个维度就是企业的规模。西格尔教授以PB的高低为指标将企业分为5类，在这5类企业里面将企业的规模再分成5类，统计了1957年至2006年期间投资者的回报率，发现小规模的价值型企业投资者远高于小规模的成长股企业。

鉴于西格尔的研究结果是如此清晰，那么我们遵循西格尔教授发现的规律来进行我们的投资，我们就会着重投资那些股息率较高的、市盈率较低的、市净率较低的价值型企业，避开购买成长股。

十、技术分析错在哪里

技术分析是一个非常普遍的判断股票价格涨跌的方法，这种方法的假设是股票价格反映一切，也就是说现在的股票价格反映一切已知的未知的因素，市场永远是对的，或者说现在的这个价格就一定是正确的，那么这个假设正确吗？

先从技术分析的角度来看，我们知道技术分析派有一个假设叫作市场价格反映了一切，那么这个假设是否成立呢？如果我们把这句话加多两个字，改成，市场价格终将反映一切，再来看好像味道就不同了。

市场价格终将反映一切，这句话在逻辑上是不可辩驳的，但是在此时此地呢，它就不一定反映一切了，所以呢？我们认为，在每一个当下市场价格并不反映一切信息，这就意味着，当下的市场很可能是错的。

再从基本分析的角度来看，基本分析派有一个前提假设，就是价格是围绕价值上下波动的。那么可以想象一下，假如价值是一条水平线，而价格是一个上下波动的，像正弦波一样的曲线，两条线交汇的时候多还是两条线分开的时候多。所以我们只需去深入思考这个假设，就发现它恰恰蕴含了一个道理，就是在大部分时候市场的估值或者说定价都是错的。大部分时候这两条线是不相等的。所以第一个假设，市场永远是对的，恐怕应该修改为市场多数情况下是错的，只有少数情况下是对的。

市场价格反映一切，这是一种唯价格论的世界观，这种世界观下的投资者，认为所有自己已知和未知的观点都已经通过价格的方式体现出来了，市场永远是对的。投资者只需要对价格的变化做出相应分析，就可以在某段时间和空间里，把握住价格变动的趋势，从而理解股票价格变化与企业基本面之间的关系。当价格朝着自己判断相反的方向变化的时候，则要立刻止损，因为其价格必然涵盖了自己所不知道的某种负面信息，而这种负面信息对股票价格的影响有多少，自己并不清楚。所以不如等到价格稳定后并延续自己之前的判断时，再选择进场。从而避免未知的负面因素对自己持仓的损害。在这种世界观下，投资者必须对投资线索的成本—收益有一个非常精明的计算，拥有一种长效的衡量工具，让实际收益大于机会成本才有可能盈利。

在唯价格论的世界观里，投资者过分强调当前的价格，而往往忽略了远期的变化。事物的运作发展是非线性的，一个企业在发展的过程中必然要经历各种挑战与检验，股票价格的变化也肯定不会是一帆风顺的，唯价格主义世界观里，往往会抓住短期的次要矛盾替代事物发展的主轴。另外，因为过分强调价格的变化，在规避风险的同时对事物的真实状态也漠不关心，很容易陷入不可知论里。这种不可知论若产生长期影响，则容易对市场产生假想敌的幻觉，仿佛有一个无形的黑手，专门与自己作对。慢慢就会把正常的市场变化通过玄学、迷信的方式把自己套进去，从而永久性地规避了投资过程中最重要的一部分——“探索真实世界的可能”。但在这种世界观下，如果风控能力强，又具备相当的执行力，一般亏不了大钱，如果碰到市场环境好，价格持续上涨而没有反复的调整，可以赚到顺市而为的钱。从本质上讲，这种世界观比较符合人性优劣得失下的心境。

显然从理论上来说，这样的假设有一定的道理，但却完全抛弃了股票的本质而去研究市场的趋势。股票的本质是股票背后所代表的企业。只有坚持从企业基本面出发，坚持价值投资，才能在股市里赚钱。股票价格最终由企业的价值决定。股价的走势图只是表象，企业经营业绩的好坏才是本质。没有一个正确的出发点，再努力，也很难在投资的道路上走得更远。

第十五章　没有专业背景的人士如何进行投资

多数市场参与者，可能都没有专业性的背景，比如没有学过医学，没有学过计算机技术，那么如何进行投资呢？因为从专业上限制了选股的范围，自然投资的难度就加大了，其实也是有方法解决的，别着急，巴菲特也没有专业技术，却也把投资做得很好。

一、投资的最佳标的——指数投资

投资可以选择的目标非常多，如果是作为一个普通投资者，自己选股能力有限，又没有过多的时间可以关注股市的波动，想选择一个合适的投资目标就比较难了，但这样的投资标的确实还是存在，它就是指数。指数投资的优点：

（一）购买的交易费用低

第一，基金管理人只需要跟踪指数，而不需要太多的其他操作，控制买入卖出的时机更加容易；

第二，指数基金不需要频繁调整，一般只使用一种投资策略。综合这两个因素，导致指数积极的操作成本较低，因此交易费就更低。

（二）可以分散投资风险

跟踪指数基金不容易受到单只股票波动的影响，个别股票的下跌对指数基金的收益影响并不大。所以在一定程度上，指数基金规避了这类风险。

（三）业绩的透明度比较高

根据目标指数的涨跌，基本可以判断该指数基金的趋势，不会有太多的偏差。

（四）管理过程受人为影响较小

由于不需要频繁交易，所以管理过程中人为判断失误的影响因素较小，它对基金经理的要求也较低。

对于普通的没有任何专业背景的投资者来说，选择指数基金其实是非常好的策略，省去了选股和估值的麻烦，判断指数的高低自然比判断个股的高低要容易得多，特别是极端情况下，就更加容易判断了。

比如未来当科创板推出来之后，也许你的选股能力没有那么强，但又想参与科创板，那么指数基金就是一个不错的选择，可以判断科创板指数未来一定会好，但具体哪些企业会好却非常难判断，那么保守一点，买入指数基金自然是不错的选择。

二、如何发现牛股的踪迹

在投资的过程中这几个步骤是不能省略的，首先是选股，然后是持股，最后是卖出。一个完整的投资过程就是由这三步构成的，选股是投资的基础，如果选股出现问题，那么持有越久可能亏得越多，如何才能提高选股的成功率呢，让自己在持有的过程当中，可以轻松一些。

选股应该遵守的第一个原则，应该还是从现实当中来，从你的身边来。也就是说你看到什么，就去选择什么，而不是选那些高大上的，目前还处于概念阶段的东西，要能够感知，能够理解，能够在你的范围之内，比如你身边的医院是否人很多，你家冰箱里都放了什么样的牛奶，放了哪些饮料，你家的厨房里都有什么样的调味品，这些都是可以关注的对象，并且这些都非常好理解，并且相对来说比较容易进行草根调研，完全可以通过自己的观察为整个行业的判断提供一定的依据，比如观察某个专科医院的门诊病人数量，来判断这个细分行业的发展情况。这肯定比你看第三方的资料更加直观，更加具体，也会更加让你心里踏实，在市场动荡的时候，才能真正做到股动而心不动，能够拿得住。

比如我的一个朋友，尽管是朋友却没有见过面，神交已久，这位朋友就是非常聪明的投资者，他本身是恒瑞医药的一名工作人员，并且是财务工作者，由于工作的原因，他经常能够接触到企业的各种报表，对于企业的发展情况非常了解，知道企业的发展速度非常快，他就选择了在二级市场上买入恒瑞医药的股票，并且是在2000年以后就开始陆续买入，在我们网上交流的2015年左右，他已经有了十几倍的收益，并且依然还是十分看好企业的发展，只要发了工资，留够基本生活所需，几乎全部换成股票，到了今天我估计他的收益可能已经是大几十倍，或者可能已经上百倍了，远远多于他上班所赚到的工资。对于他本人来说，选股完全不费劲，也没有任何难度，就是做自己了解的企业，也正是因为如此，他才能在剧烈的市场波动当中，依然持股不动。现在我们看到了他几十倍甚至上百倍的投资收益，但也要看到恒瑞医药虽然是大牛股，但也曾经在几年的时间一直横盘不涨，在这样漫长的震荡当中，是否能够坚持下来，这才是决定投资成败的关键，只有充分了解企业，才能在起伏不定的市场当中保持淡定的心态。

第二个原则，应该是子行业内只选择最好的那个企业竞争力最强的那个。一个子行业只选择这个行业内竞争优势最明显的个股，不是最大的，也不是最小的，而是最强的，即使在价格上可能稍微贵一点，也不因为价格的因素而去选择那个优势不明显的，因为竞争优势最强的企业，最终会成为子行业的领导者，会成为市场占有率最高的那个、利润最丰厚的那个，如果以后市场环境恶化，整个子行业都遭受到了巨大的冲击，最终只剩下一个企业的话，那么就应该是竞争力最强劲的企业留下，而其他企业终将被淘汰。

第三个原则，多听听不同的意见，一个人的眼光总有局限性，每个投资者都有自己的主观立场，都会带有偏见，这也是正常的，那么要克服这种偏见，就要多听听不同意见，以弥补自己的不足，这是非常必要的，也是避免落入屁股决定脑袋的陷阱，兼听则明，分析企业要全面，不要有太多主观的意向性。

做好以上这三点，那就可以选择到一个优秀的企业，优秀企业是成为大牛股的基础，总体来说还是不太难，从自己身边，从熟悉的领域入手，一个子行业只挑选竞争力最强的企业，多听听其他人的不同意见，以避免落入主观陷阱。

三、消费品行业投资

消费品可分为可选消费品和必选消费品，对于可选消费品是相对于必选消费品而言的，即生活中不是非常必需的，可有可无的消费品，你不一定要买，但买了也可以有用场，这个主意就要你自己拿了。必选消费品显然就非常清楚了，这是生活当中的必需品，是不能省略的基本开支。

在目前的宏观环境下，不建议大家选择可选消费类的企业进行投资，主要还是由于居民的可支配收入的变化、消费结构的变化和未来对企业的预期，从总体数据上来看，近年来，居民收入占整个经济体的份额也在稳步下降，同时支出比例在稳步上升，当然这种支出是指必需的支出，比如房贷挤占了相当的支出份额，那么消费者手中的可支配金额大量减少，自然有些可花可不花的钱，只能选择不花了，要全力保证房贷的正常还款，特别是当利率上行周期还没有结束的情况下，这样的现象更加突出，在未来相当长一段时间内，可选消费品的增长都将是非常缓慢的，当然这里不包括奢侈品，因为奢侈品的消费人群不存在房贷的问题，只有所谓的中产阶级才是受到房贷影响最大的。可选消费，比如汽车、金银珠宝、高档化妆品、旅游等等，这些企业都将面临着考验。

收入的变化，将直接影响支出，既然收入的比重在下降，那么支出的时候就要考虑其必要性了，在这样的条件下，首先要保证医疗，基本生活必需品的支出，然后才是可选消费品，那么如果医疗与生活必需品的支出增加，可选消费品的支出自然就会减少。

而消费品是投资者的最佳选择，这主要是因为：

（一）消费类企业的产品贴近民众，容易被理解和认知

消费行业的产品是普通大众日常生活经常接触得到的，这就涉及要选择可以理解的企业，也就是要清楚这个企业的运作模式和盈利模式，并且消费品在市场上卖得怎么样，质量如何，通过长期的耳闻目睹一般都能有直观的感受。如白酒，没有谁不知道茅台、五粮液是中国的名酒。“好空调，格力造”的广告词，不知道的人很少。许许多多的消费类商品都是我们日常生活的必需品，如伊利牛奶、海天酱油、涪陵榨菜、云南白药、桃李面包、恒顺香醋、青岛啤酒等。

（二）消费产品周期性弱，属于生活消耗品

经营业绩不容易受经济周期的影响，这类企业一般都是弱周期的，相对来说估值也比较稳定。

从估值的角度来说，周期性的个股估值的难度要更大一些，而弱周期类的个股由于盈利波动比较小，相对业绩也比较好预期，那么估值的难度就小了许多，在选择买入价格的时候就更容易一些。

（三）受新技术影响小，产品不容易被替代

对于吃的方面，受新技术影响极小，消费者的味蕾和消费习惯一旦形成了是很难改变的，就像喜欢吃家乡菜一样，无论你走到哪里这个爱好都是不会变的。

至于服务行业，则完全是拼的服务和体验感了。因此，从整个大消费行业来看，技术对消费的影响是不大的，更多的是拼品牌和拼服务质量。

（四）相信品牌的力量

消费行业的优质企业经过长期经营和资金投入已形成了较强的品牌壁垒和规模优势，使自己的行业地位更加稳固，并且这种品牌能够带来一定的溢价权，使得产品在价格上具有相当优势。

消费品龙头的护城河较其他行业龙头更宽、更深，更有利于抵御新进入者的威胁，使竞争优势持续时间更长。最典型的如白酒行业，经过二十余年的竞争，形成了茅台牢不可破的龙头地位和五粮液、泸州老窖等第二梯队的地位，茅台每过一两年就会提一次价，这就是典型的优势。

那么大消费行业向来是投资者亲睐的领域，从投资的角度出发，再理一理消费领域中应重点关注的几类，比如刚性消费、重复消费与成瘾消费。

刚性消费也就是无可取代、不能拖延和不能取消的消费，比如医疗，生病了是必须要吃药的；食品，饿了要吃饭；教育，特别是孩子的教育，那几乎是必须要进行的，没有商量余地。大部分优质教育资源尚未商业化，但也有一些民间教育机构已经开始上市，尽管更多的是在国外上市，相信未来随着上市制度的改革，也会有这类机构回归A股市场。食品行业现在其实已经有了一些上市企业，从广义的食品上来说，有肉类的上市企业，也有休闲食品的上市企业，还有调味品的上市企业，特别是调味品，恐怕是相对来说不错的选择目标，真正的刚性消费领域，最佳的选择是独家或有限的某几家垄断，具有定价权。如果将医疗归于广义消费的范畴，这个领域最能说明问题。当然现在的医疗行业受到医保限价的影响，也有着各种各样的问题，但还是有一些价格自主权比较大的产品可以考虑。

重复消费的概念不难理解。重复消费领域的核心竞争力在于品牌忠诚度与产品的黏性，换句话说，产品能捆绑消费者的能力有多强。比如茅台，其品牌忠诚度与黏性在业内无有出其右者，加上白酒的一系列独特性与我国国情，成就了茅台无以复加的王者地位。啤酒产业就不一样了，从市场调查及消费经验来看，没有哪家的产品是不可替代的，所以啤酒没有定价权，尽管其消费的重复性比茅台高得多。

成瘾消费则是心理依赖或者一定程度的生理依赖，消费者不能摆脱，有着牢不可破的黏性。例如烟草、某些酒类、网游，都是成瘾消费的实例。成瘾消费也可能是针对部分消费者，在长久的消费强化了黏性，以致达到成瘾的程度，比如女性对特定品牌的化妆品。当然一些成瘾消费不见得能给消费者带来好处，比如网游，但却无法改变它容易成瘾的本质，特别是对于青少年来说。

从投资的角度来说，刚性消费、重复消费与成瘾消费确实是相当不错的选择目标，如果能够找到某个企业具有这样的特点，那么可能就是挖到了一个金矿，未来将无可限量。

四、银行业的投资选择

银行是我们经常打交道的一类企业，也是我们日常生活中经常见到的，那么银行应该如何来投资呢，我们先来看看银行是做什么业务的。

银行业是经营货币的行业，是货币信用派生（M2）的主要方式。一个国家的经济运行是一个生态系统，货币是这个系统的血液，银行业是经营血液的行业。

我们知道，基础货币发行主要通过中央银行的货币政策、外汇占款、财政部的财政收支等。基础货币和存款作为商业银行的负债端，银行通过放贷、购买企业债、自营、非标等资产管理业务信用派生出 M2，形成一个血液流动的闭环的生态系统。

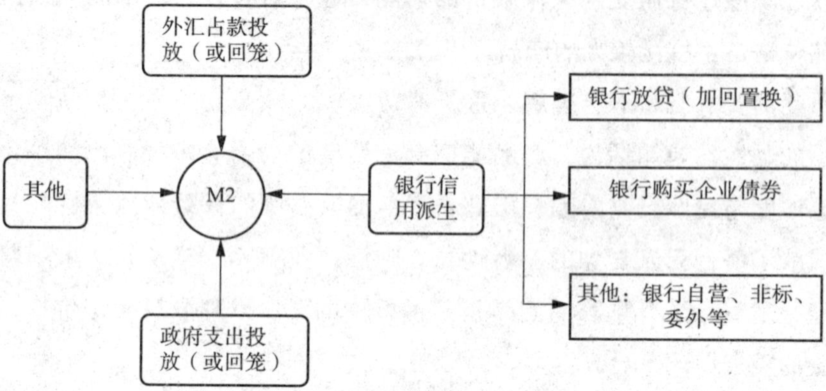

图 15-1　银行生态系统

在这整个的生态系统中，商业银行的业务有存贷款业务、银行理财业务和中间业务。

银行的收入为信贷业务利息收入、中间业务和资产管理业务的手续费和佣金收入，减去业务和管理费用与信用风险的资产减值损失得到税前利润，扣除所得税后得到净利润。

对于一家银行来说，它的存贷款业务的行为函数是利差：通过存款、央行基础货币、同业负债和发行债券等负债方法尽可能用便宜的价格吸引到基础货币，以扩大利差、扩大规模，尽可能用足杠杆，在基础货币一定的情况下，尽可能扩张资产规模，赚取更多息差收入，同时承担信用风险、流动性风险。法定存款准备金制约着银行信用派生的规模，但是全国的基础货币是一定的，所以银行间的竞争变成了抢基础货币的竞争。

由于商业银行在我国的特殊地位，30 年来中国的商业银行行业格局稳定，形成了国有商业银行、股份制商业银行、城市商业银行、农村商业银行的竞争格局，行业竞争基础稳定，行业发展前景基本上与经济周期趋同，行业可塑性低，单一银行没有定价权，也没有赢家通吃的现象，业务同质化严重。

银行的钱来源于两部分，股东和银行的债权人，也就是存款客户的钱，债权人收取固定回报，银行股东收取超额收益。也就是说银行的股权投资人是一个企业的优先资金的劣后方。银行股权的价值就是从经营中赚取的债权投资净收益的折现值减去优先级份额（银行的债权人持有）的价值。由于银行业的资产负债率可以高达90%，所以资产质量（不良率）对于银行业的分析至关重要。

正常的市场经济中银行是强周期行业。当经济扩张的时候，企业的股权（劣后资金，超额回报）和银行债券（优先资金，不良降低）都愿意投资，在扩展到顶峰之前，企业扩大生产，增加发债，企业股东赚取很多超额回报，银行业赚取股东回报。随着经济紧缩的到来，收入增长放慢，甚至负增长。但企业向银行付的利息是刚性的（是优先级），他们还是要按时还本付息，留给企业股东的利润更少了，甚至亏损了。所以这个时候，我们会看到银行的收入还是在正常增长，与凄惨的企业利润走势不同。这就是银行利润与企业利润的一次偏离。

随着经济继续下行，企业经营进一步恶化，连正常支付银行利息都成问题了。有些财务状况还不错的企业，则开始收缩产能，有些倒霉的企业则开始被银行追债。银行这边就体现为不良开始，信贷增长乏力，收入增速下降甚至负增长。但由于银行还是要按约定给他们的债权人（存款人为主）支付利息，这也是刚性的优先级，哪怕不良损失也只能银行股东自己承担，因此留给银行股东的利润也出现了较大的下滑。但体现在银行报表时，会比企业利润变化要晚。

在经济萧条的底部附近，绝望的企业家们陆续关掉了产能，有些则是还不了债务，被债权人清算了，供给收缩，供需对比开始逐渐趋于均衡，商品价格回升。

看到复苏的苗头时，谨慎的企业家们可能不会立马申请大笔贷款增加产

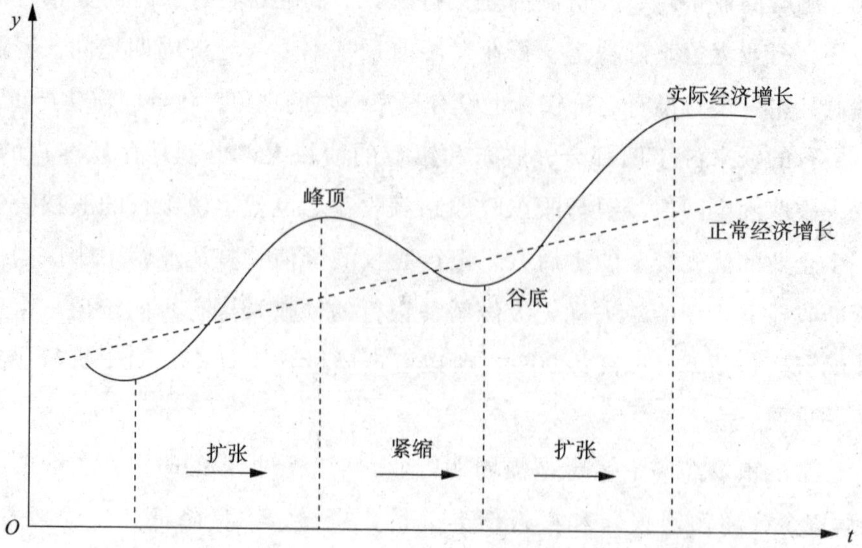

图 15-2　银行业的周期性

能，只能少量增加产能。这时，企业收入明显增加，由于信贷余额已不多，因此支付掉不多的利息之后，大部分成为了企业股东的利润也就是劣后级资金的利润。此时就能看到，企业利润快速好转，银行收入则好转得慢一点。这时，又一次出现银行与企业利润情况的偏离。

经济增长的中后期，企业家信心不断回升，开始积极申请银行贷款，用来增加产能。此时开始，银行资产规模扩大，然后就开始享受收入更明显的增长了。

基于银行业历史、现状和未来中国经济的变化，相信未来银行业的格局也基本稳定，这种稳定性决定了最好的战略方法是经典型、延续型的，战略和管理上大破大立的“革命式转型”，远不如循序渐进的“改良式转型”效果好，这一点招商银行给出了很好的答案；对公业务仍然是各类银行主营业务之一，比重会降低；未来轻资产业务将脱颖而出，例如私人银行业务（招商银行、平安银行也在转型中）、中间业务和兴业银行的同业业务（实际上包含投行、金融市场业务等直接融资业务），银行业强周期属性依然不会改变。

银行业的基本特征为可以简单总结如下：

（1）银行业是与宏观经济高度相关的周期性行业。银行的传统盈利模式是以资本生资产（负债），资产生利息，利差生利润，赚取的是资金的利差。

（2）银行这门生意，经营的核心在于资金是否充足、资金成本的高低、资金回收的风险系数、流动性风险的概率以及是否满足监管要求。

（3）衡量银行业的财报密码为不良贷款率、逾期贷款率、拨备覆盖率、核心一级资本充足率、吸收存款及向央行借款、发放贷款及垫资。

从以上的总结可以知道，银行的核心能力为获取低成本资金的能力，比如向中央银行贷款和吸引储蓄存款，然后是放贷能力，要把吸收来的资金再次放出去，才会有利差收入，最后是控制不良率的能力，只有严格控制不良贷款率，才能让钱生钱，银行才能有利润。当然这是传统的银行主要利润来源，最近几年，银行的盈利模式发生了一些转变，中间业务成为了许多银行收入的重要来源，也是值得我们注意的一个方向。

第十六章　股票投资的简单化

我们做投资就是要把复杂的事情简单化，越简单越好，然后把简单的重复做好。如果要把投资极简化做个总结，那就是在自己能够理解的行业范围之内，选择一个具有广阔市场空间和持续竞争优势并且在优秀管理团队带领下的企业，在合理的估值范围之内买入，持有到其符合卖出条件时卖出。如果一定要简单的表达，其实投资就是这样的一个过程。这里最关键的就是企业的选择，只有选择自己熟悉的行业和企业，才能保证自己少犯错误，才能更大程度上保住自己的本金和盈利，优秀企业是基本保障，合理估值是必要条件，这是投资最为基本的两个要求，当然优秀企业很大程度上是由优秀的管理团队决定的，如果团队不优秀，那么企业的竞争优势就会慢慢地被消耗掉，除非企业的优势是先天获得的而不是经过管理团队努力获得的，否则管理团队的变化必须要引起注意。

当看清楚了股票投资的本质之后，其他的次要因素都可以排除掉了，投资也就变得非常简单了，只要是不影响企业长期盈利的因素，都可以忽略不计，操作自然也就少了，在清楚了决定股价的长期因素为企业业绩之后，心理承受能力也就提高了，那么就可以拿住股票，获得企业增长和市场波动带来的收益了。

同时，我们也清醒地知道，投资本身就是模糊的正确，不是精确的错误，所有的估值本身也都是模糊的，也就是大致的价值，没有任何一种估值方法，能够给出一个精确的数字，就像我们判断一个人的体重，可能会说大约是130~150斤，这样正确的概率更大一些，绝对不说是135.8斤，如果精确到这样的程度，那么几乎可以100%确认是错误的，特别是在企业发展过程当中，会遇到各种各样的突发状况，企业的管理层都不可能准确预测企业未来两年的发展情况，更何况身为外部投资人的我们，我们能够判断企业是比较好、特别好，还是一般般就已经是不错的表现了，比如能够判断企业每年大约20%~30%的增长，能够达到这样的水平就足够了，至于数据出来是19%，还是31%那都具有一定的偶然性，只要差别不大，那都是可以接受的，并且不要为企业一个季度或者一年的数据有偏差而担心，只要发展逻辑没有改变，那么依然还是值得认真对待的。

第十七章　对于准备进入股票市场投资的忠告

亲爱的读者，当您看到这一章的时候，您已经读完了全书，如果您认同价值投资理念，那么一定是以为自己已经了解了投资的真谛，迫不及待地打算大干一场，仿佛美妙的收益已经在向您招手了，为了让您更加清楚地认识到市场的残酷，我不得不再加上这一章的忠告。

一、投资的第一出发点是什么

我在书里也反复写到，我们进入市场的唯一目的就是为了盈利，这当然没有错，这是终极目标，也是唯一目的，但却不是第一出发点，第一出发点应该是不亏损，或者叫做先胜而后求战。只有保证本金的安全，财富才有可能稳定持续地增长，市场里亏钱永远比赚钱容易得多，亏钱的速度就像是自由落体，而赚钱就如同走上坡路需要付出更多的努力和耐心，只有保证自己尽量少亏钱，才有可能在市场里活得更久，在股票市场里，只有活得久，才有可能赚得多，因为时间是优秀企业的朋友，而我们是优秀企业的股东，活得久的前提条件是保住本金。

二、投资基本原则

您必须要记住，并且不可以违反，这些原则能够尽量保证您在疯狂的市场当中大概率的存活下来，这些原则包括：

（一）用三五年以上不用的闲钱来投资于股票市场

股票市场本身是风险很大的，短期内的涨跌是无法预测的，也是预测不准的，想要获得长期收益，就必须要有长期投资的打算，必须要用至少三年以上不用的闲钱来买入股票，如果短期要用的钱，最好不要进入股市，进来只有被套和亏损。

（二）投资要建立组合

这里是指投资的股票，不可能只买一只，必须要建立一个有效的投资组合，这个组合应该包括不少于七只股票，如果资金量更大，达到了千万级别，那么组合的数量应该还要再增加一些，原则上单个股的最高占比不超过总资金量的20%，组合内的个股，应该尽量不属于同一个行业，即使是不得不选择同一个行业的企业来组合，也要选择不同子行业的企业，这样的组合才是有效的，最好是组合的企业分散于多个行业，并且企业处于不同的生命周期，这样才更加完善，抗风险的能力才更强。

（三）分批买入原则

这也是一个基本原则，在已经判断个股低估的时候，比如已经低于一倍标准差的下限，那么就可以适当开始建仓，但显然这个时候谁也不知道股价是否还会继续下跌，所以买入就应该分批进行，不可以一次全部买完，一般处于下跌趋势的时候买入股票，要多分几批，至少3~5批，如果已经是处于上涨趋势，那么可以少分几批，也许3批就可以了，总之，必须要分批买入，每批之间应该有10%左右的价格差异或者有一定的时间间隔，比如1~3个月。

（四）不加杠杆

这也是铁的原则，必须要严格遵守，这里的不加杠杆是指不借钱投资，这种借钱包括了向任何人借钱，包括场内融资、场外融资，总之完全使用自有资金投入，不借任何人的钱来投资，投资本身是高风险的行为，不要拿别人的钱去冒险，那将是险上险，当然期货本身就有杠杆，自然是在严格禁止之列。

（五）原则上不做空

首先我们目前的市场环境之下本身很难依靠做空赚钱，另外一个原因是做空本身是违反客观发展规律，世界从长期来看一直是螺旋式上升的，短期内可能会有倒退，但这种倒退很难判断在什么时间发生到什么时候结束，如果要做空，必须要知道什么时候开始做空，什么时候结束，因为长期看做空是一定会失败的。

这五个基本的投资原则，是每一个市场内的投资者都必须遵守的，没有什么可以商量的余地，也没有什么例外，想在市场里走得远，想长期生存并获得收益就请记住这些用血和泪换来的教训。我不希望是您进入市场几年之后，再看到这段话的时候，才感悟到什么是血和泪的教训，人类之所以能够进步，就是因为能够吸取前人的教训而避免自己再犯同样的错误，也希望您能够记住这一点。

参 考 文 献

［1］［美］帕特·多尔西．股市真规则［M］．中信出版社，2018.

［2］［美］帕特·多尔西．巴菲特的护城河［M］．广东经济出版社，2009.

［3］［美］约翰·聂夫，史蒂文·明茨．吴业同，谢小梅译．约翰·聂夫的成功投资［M］．机械工业出版社，2018.

［4］方于军．经济学的新思维兼及西方经济学的评判［M］．中信出版社，2011.

［5］［美］菲利普·A. 费舍．怎样选择成长股［M］．地震出版社，2017.